AMAURY-DUVAL

SOUVENIRS

(1829-1830)

INTÉRIEUR DE MA FAMILLE — SALON DE CHARLES NODIER
SOIRÉES DU QUAI CONTI — VOYAGE EN MORÉE
LETTRES DU MARÉCHAL PÉLISSIER — RETOUR EN FRANCE
RÉVOLUTION DE JUILLET

PARIS
LIBRAIRIE PLON
E. PLON, NOURRIT ET Cie, IMPRIMEURS-ÉDITEURS
RUE GARANCIÈRE, 10
—
Tous droits réservés

SOUVENIRS

(1829-1830)

L'auteur et les éditeurs déclarent réserver leurs droits de traduction et de reproduction à l'étranger.

Cet ouvrage a été déposé au ministère de l'intérieur (section de la librairie) en novembre 1885.

AMAURY-DUVAL

SOUVENIRS

(1829-1830)

INTÉRIEUR DE MA FAMILLE — SALON DE CHARLES NODIER
SOIRÉES DU QUAI CONTI — VOYAGE EN MORÉE
LETTRES DU MARÉCHAL PÉLISSIER — RETOUR EN FRANCE
RÉVOLUTION DE JUILLET

PARIS
LIBRAIRIE PLON
E. PLON, NOURRIT ET Cie, IMPRIMEURS-ÉDITEURS
RUE GARANCIÈRE, 10

Tous droits réservés

AVANT-PROPOS

Les nouveaux épisodes de ma jeunesse que je vais retracer, — à cinquante-cinq ans de distance, — doivent être précédés de quelques indications sur ma famille, particulièrement sur mon père, dont j'espère raconter plus tard, d'après ses propres mémoires ou ses papiers, la vie modeste et pourtant très-accidentée.

Nous sommes originaires de Rennes. Mon aïeul, avocat au Parlement de cette ville, avait une fonction auprès des États de la province; il laissa trois fils. L'aîné, mon père, Amaury Duval, naquit en 1760. Après avoir, lui aussi, pris rang dans le barreau de Rennes, et même s'être signalé par des débuts assez brillants, il ne put résister à l'offre qui lui fut faite en 1785 d'aller rejoindre, comme secrétaire, le baron de Talleyrand-Périgord, récemment nommé ambassadeur à Naples. La Révolution survenant, M. de Talleyrand donna sa démission, et mon père alla remplir les mêmes fonctions de secrétaire auprès de Basseville, à Rome. Il assista à l'assassinat de ce diplomate dans l'émeute de 1793, n'échappa lui-même que par miracle à la populace soulevée contre les Français, et, étant enfin rentré en France, le gouvernement républicain l'envoya rejoindre à Gênes la légation qui avait l'île de Malte pour destination, mais que le grand maître refusa de recevoir. Ce dernier contre-temps décida mon père à quitter la carrière diplomatique. De retour à Paris, il épousa une jeune fille du Bourbonnais, dont le talent pour la peinture s'était manifesté déjà dans un certain nombre d'œuvres que je garde pieusement; forcée d'abandonner l'art par les devoirs de maîtresse de maison et de mère de famille, elle n'en conserva pas moins une passion presque exaltée pour tout ce qui s'y rattachait.

Mon père avait pris le goût de l'antiquité en

Italie. Il obtint, au ministère de l'Intérieur, une place de chef du bureau des Beaux-Arts, qui équivalait à peu près à une direction générale, et ne l'empêcha pas néanmoins de se livrer à ses études littéraires et de diriger le recueil : *la Décade philosophique,* qu'il avait fondé de concert avec J. B. Say, Ginguené et Andrieux. C'est alors qu'ayant remporté trois prix consécutifs à l'Académie des inscriptions et belles-lettres, il fut élu membre de cette classe de l'Institut (1811). En 1812, il échangea ses fonctions de chef de bureau contre celles d'inspecteur des Beaux-Arts. Mis à la retraite par le gouvernement de la Restauration, il vécut depuis de la vie la plus modeste, tout entier à ses études d'érudition, à la direction du *Mercure,* qui remplaçait la *Décade philosophique,* aux travaux de l'Académie, notamment à la continuation de l'*Histoire littéraire de la France,* dont il fit plusieurs volumes avec Daunou et d'autres de ses confrères, et enfin à la vie de famille. Nous étions trois enfants : on verra dans ces *Souvenirs* ce que fut pour moi et pour nous tous ma sœur aînée, qui s'appela successivement madame Chassériau et madame Guyet-Desfontaines; une sœur cadette mourut à quatorze ans, et le chagrin de cette perte abrégea les jours de notre mère. Mon père survécut jusqu'en novembre 1838. On peut trouver sur lui et sur ses publications des détails assez complets, mais non pas toujours exacts, dans les recueils biographiques et bibliographiques, ou dans la notice que feu M. Paulin Paris, de l'Académie, plaça en tête du tome XX de l'*Histoire littéraire*.

Il avait eu deux frères. Le premier, Alexandre Duval, écrivit beaucoup pour le Théâtre-Français et pour l'Opéra-Comique. Ses succès nombreux, parmi lesquels il me suffira de citer : *le Tyran domestique*, — *la Jeunesse de Henri V*, — *les Héritiers*, — *Maison à vendre*, — *la Fille d'honneur*, etc., lui valurent un fauteuil à l'Académie française, en 1812. De deux filles qu'il laissa, l'une épousa l'architecte Mazois, auteur du *Palais de Scaurus* et d'un grand ouvrage sur Pompéi, si estimé que je me souviens d'avoir été, à mon dernier voyage en Italie, accueilli avec le plus vif empressement par l'éminent directeur des fouilles, M. Fiorelli, dès que je me réclamai de cette parenté. Mon autre cousine épousa un officier d'état-major, M. Clément, et ils eurent pour fille unique madame Victor Regnault, femme de l'illustre chimiste et mère de ce jeune Henri Regnault déjà grand peintre lorsqu'une balle allemande nous le ravit le 19 janvier 1871.

Le plus jeune des frères de mon père écrivit aussi : on a de lui une *Histoire de Charles VI*; mais il vécut très-retiré, avec sa charmante femme, qui était fille du grand sculpteur Houdon.

Ainsi, les goûts, les tendances, les occupations de tous mes proches, comme aussi de leurs amis, qui nécessairement étaient du même monde, durent avoir une grande influence sur ma vocation personnelle, dont j'ai essayé de raconter les premiers effets dans l'*Atelier d'Ingres*. Aujourd'hui, le lecteur va me voir sur une scène différente, entouré d'illustrations d'un autre genre, qui feront, je l'espère, l'intérêt de ce petit volume.

Linières, août 1885.

SOUVENIRS

1829-1830

CHAPITRE PREMIER.

Vie de famille. — Ma sœur. — Les soirées de l'Arsenal et les soirées du quai Conti.

Au sortir du collége, je fus admis par M. Ingres au nombre de ses élèves.....

J'ai déjà raconté cette époque de ma vie dans quelques pages de souvenirs sur mon illustre maître. N'ayant alors pour but que le récit de mes rapports avec ce grand artiste, j'avais dû mettre de côté tous les détails intimes de ma vie de famille. Si j'entre aujourd'hui dans quelques-uns de ces détails, c'est surtout avec la pensée de faire connaître et de faire apprécier l'esprit charmant d'une sœur qui eut pour moi, dès mon enfance, une affection toute maternelle, et ne cessa jamais de m'en donner les témoignages les plus tendres.

Ses lettres, qui seront probablement le principal attrait de ces souvenirs, donneront de son esprit et de son cœur une bien plus juste opinion que tout ce que j'en pourrais dire moi-même ; mais, pour les rendre complétement intelligibles, il me faut nécessairement introduire le lecteur dans le milieu où nous vivions. — Il me semble même que je remplis un devoir en mettant dans son jour cette existence si difficilement commencée, supportée par ma sœur avec un dévouement, un courage, une énergie rares, et dont elle sut vaincre tous les obstacles sans que son esprit perdît rien de sa sérénité, je pourrais dire de sa gaieté.

Un jeune officier du nom de Chassériau, cousin du peintre qui mourut avant l'âge et déjà célèbre, fut présenté dans ma famille à la fin de l'année 1816. C'était un engagé volontaire : parti à l'âge de seize ans, il avait été décoré à vingt ans sur le champ de bataille, et venait de donner sa démission à la chute de l'Empire. Il était difficile que ma sœur, qui, sans être absolument jolie, était pleine d'élégance et de grâce, ne fît pas impression sur le jeune officier, et que, de son côté, la jeune fille ne fût pas bien vite touchée au cœur par la bonne humeur et l'entrain, peut-être aussi par les épaulettes et la décoration du soldat.

Le mariage se fit. La dot, médiocre de part et d'autre, ne permettait pas une longue inaction. Chassériau, qui avait bon désir de se créer une position lucrative, chercha assez longtemps, et se décida, d'après les conseils de mon père, à entreprendre en librairie un essai qui peut-être eût réussi, s'il eût été tenté par un homme mieux organisé pour le commerce. Cette entreprise, qui fut connue un moment et fit même un certain bruit sous le nom de *Dépôt bibliographique,* consistait à réunir dans un vaste local tous les livres dont les possesseurs voulaient se défaire : c'était une vente perpétuelle comme celles qui ont lieu à la salle Silvestre, avec la facilité, pour chacun, de visiter à son jour et à son heure la collection, dont tous les ouvrages portaient le prix demandé. Pendant quelque temps, ces belles salles, situées rue de Choiseul, dans un ancien hôtel, furent fréquentées par un assez grand nombre d'amateurs, et peut-être aurait-on dû s'en tenir à cette idée, en lui donnant un peu plus de développement; mais l'ambition vint avec ce commencement de succès : mon beau-frère se fit éditeur et publia quelques ouvrages d'un genre sérieux, qui ne pouvaient donner des résultats bien lucratifs; un procès qui lui fut intenté par le gouvernement, pour la publication de l'*Origine des cultes* de Dupuis, et qu'il perdit, ajouta à ses embarras : son instinct était peu commercial; mon père avait moins encore peut-être l'esprit des affaires; tout alla de mal en pis, et un jour il fallut renoncer à l'entreprise, qui coûta à mon beau-frère le peu d'argent qu'il possédait, et à mon père l'humble fortune qu'il avait amassée, mais qu'il crut devoir engager pour terminer ces tristes affaires.

Cette catastrophe n'abattit pas le courage de Chassériau : il s'embarqua quelque temps après pour l'Amérique méridionale, où il allait chercher la fortune, et où il ne trouva que la mort.

Ma sœur resta donc seule avec un enfant, une petite fille de quatre ans, et vint s'installer chez mon père, dont les ressources étaient bien faibles pour subvenir aux frais d'une maison : le traitement de l'Institut et une pension de retraite du ministère étaient tout ce qu'il possédait. Et moi, sans état, apprenant un art peu lucratif à cette époque, loin de venir en aide à mon père, j'ajoutais encore aux charges nombreuses dont il était accablé.

C'est alors que le courage de ma sœur sut parer à ce que cette situation avait de difficile. Du jour où elle vit que tout dépendait de son énergie, sa résolution fut vite prise, et elle se mit à l'œuvre.

Musicienne, douée d'une voix charmante et sympathique, elle chercha des leçons, et ne fut pas longtemps sans en trouver ; je dois dire que nos amis se mirent en campagne pour elle avec un affectueux empressement.

Mais que de fatigues, que de patience, quelle force de volonté pour faire du jour au lendemain un métier tout nouveau, et l'un des plus pénibles qu'il y ait ! Il m'arrivait souvent, encore malade d'une fièvre qui me tenait éveillé, d'entendre à cinq heures du matin du bruit dans la chambre de ma sœur. C'était en plein hiver : elle se levait, je voyais à sa fenêtre la lueur d'une bougie. En un instant, elle était sur pied et prête à partir; le bruit de ses socques résonnait sur le parquet, des portes s'ouvraient, se refermaient, et je pensais, non sans un serrement de cœur, à la course que, par ce temps, à cette heure matinale, ma pauvre sœur allait entreprendre pour sa fille, pour notre père..., pour moi; — et j'avais vingt ans! J'aurais pu, à cet âge, l'aider au moins.... Elle n'eut jamais cette pensée, m'encourageant au contraire à persévérer dans mes études de peinture, et trouvant tout simple de prendre pour elle le côté le plus dur de la vie.

Je me souviens que c'était pour aller à Vincennes qu'elle se levait avant le jour. Elle avait là deux leçons de piano, et devait y être rendue vers neuf heures. Comment y allait-elle? à pied sans doute, car les voitures auraient absorbé le prix des leçons. De Vincennes, elle revenait à Paris continuer ses courses dans les quartiers les plus éloignés, où elle avait un assez grand nombre d'élèves que lui avaient attirés son talent et plus encore peut-être l'intérêt qu'inspiraient son énergie et son courage.

Après de pareilles journées, on imagine dans quel état de fatigue elle rentrait à la maison, « tuée », comme elle me disait dans une de ses lettres; mais ce qui peindra en peu de mots ce caractère exceptionnel, c'est que, revenant à ce point exténuée, et trouvant parfois sur sa cheminée une lettre, elle l'ouvrait rapidement : « Deux places pour ce soir aux Français! me « disait-elle en sautant de joie. Va dire qu'on « serve le dîner plus tôt, et nous irons ensem- « ble. » Toute sa fatigue avait disparu; un instant de sommeil lui suffisait. « Laisse-moi, « me disait-elle, perdre connaissance cinq mi- « nutes. » Et quand je rentrais, je la trouvais reposée, fraîche et prête à partir.

Nous n'avions pas tous les jours de pareilles aubaines, et le plus souvent nous passions la soirée à la maison. Quelques artistes de nos amis venaient nous voir; alors les questions d'art, si vivaces à cette époque, étaient bien vite abordées : on discutait, on se disputait, pour mieux dire, et cela sans que chacun de son côté interrompît le croquis ou l'étude commencés sur le coin de la table.

Quand Thiers et Mignet venaient, la conversation prenait un tour plus grave; ils nous apportaient des nouvelles politiques. C'était à l'époque de la fondation du *National;* ils nous annoncèrent un soir l'apparition de ce nouveau journal et nous en firent connaître le but : le renversement de la dynastie..., naturellement. J'entends encore M. Mignet, le dos appuyé à la cheminée, répondant à une question qu'on lui fit sur le remplaçant qu'ils avaient en vue : « N'y a-t-il pas quelqu'un au « Palais-Royal? » Cela se passait le 31 décembre 1829, et le *National* parut le 1ᵉʳ janvier 1830.

Pendant les conversations ou les discussions, ma sœur, qui ne pouvait pas rester une minute sans rien faire, travaillait à quelque ouvrage de femme, n'oubliant jamais le but qu'elle s'était imposé de nous faire vivre et de donner à sa fille une éducation pareille à celle qu'elle avait reçue elle-même. Avec son imagination toujours active, elle inventait quelque objet de mode dont elle pût faire un petit commerce, et ses nombreux amis, toujours à l'affût des occasions de lui être utile, s'empressaient de le lui acheter ou de lui commander le pareil.

Pendant un certain temps, ce furent les bourses en filet de soie qu'elle mit à la mode; on ne les lui marchandait pas, bien entendu, et ce travail lui rapportait beaucoup, quoiqu'elle ne pût s'y livrer que le soir, ou une heure ou deux avant le dîner, en revenant de ses leçons, et que ce genre d'ouvrage exigeât un soin et une patience inouïs. Je me souviens de sa joie quand, un jour, Vatout vint lui annoncer que la duchesse d'Orléans (depuis reine des Français) désirait avoir une de ses bourses. On se doute bien que Vatout avait fait à la princesse un portrait de ma sœur qui dut toucher cette sainte femme, et que la bourse était un prétexte. Celle-là fut payée cent francs. Quelle joie dans la maison! Mais cette bourse, blanche, parsemée d'ornements en or, était un chef-d'œuvre, et l'on pourra se figurer le soin et la patience qu'un pareil travail exigeait quand on saura qu'à chaque tour de mailles ma sœur était obligée de tremper le bout de ses doigts dans un verre d'eau pour conserver à la soie toute sa fraîcheur.

Après les bourses, elle eut l'idée de faire à sa façon, d'une forme originale et charmante, ces petits sacs que les femmes portaient toutes encore à la main, et que l'on nommait des *ridicules*. Avec un simple morceau d'étoffe, en un tour de main, elle fabriquait des sacs élégants et fort jolis, qui eurent un immense succès. Elle les vendait cinq francs, et ne pouvait suffire à toutes les commandes, surtout à celles de la fameuse madame Irlande du Palais-Royal.

Lorsque le succès d'une de ses inventions commençait à baisser, son imagination inépuisable savait à l'instant en découvrir une autre. N'eut-elle pas un jour l'idée de demander à M. Thiers, dont l'écriture laissait à désirer, s'il voulait lui donner à copier ses manuscrits pour l'impression! M. Thiers, enchanté d'avoir une occasion de lui rendre service, accepta avec

empressement, et elle transcrivit de sa belle écriture l'*Histoire de la Révolution française.*
« Tu dois être bien forte, lui dis-je un jour, sur
« les principes de 89? — Pas un mot, mon cher!
« me répondit-elle. Je copie, je ne lis pas, et,
« pendant ce temps, je pense à un roman que
« je vais faire. » Elle le fit en effet (*l'Oncle et la nièce,* publié sans nom d'auteur), et l'édition, grâce encore à nos amis, fut promptement épuisée.

Au milieu de ces occupations continuelles, de ce travail incessant, j'ai dit que ma sœur trouvait encore assez de force pour jouir des plaisirs de son âge, et qu'elle savait surmonter toute espèce de fatigue pour un spectacle ou pour un bal; mais c'était surtout pour les fameuses soirées de l'Arsenal, chez Nodier, qu'elle retrouvait tout son entrain. En effet, cette gaieté si franche, cette simplicité si grande de réception, ce monde d'illustrations en herbe, avaient un attrait incomparable, qu'il serait peut-être difficile de faire comprendre à la génération actuelle.

Je devrais m'abstenir d'ajouter un mot aux descriptions si bien faites par madame Marie Mennessier et par Alexandre Dumas, des soirées qui se donnaient dans le salon de l'Arsenal; mais comment ne pas revenir sur un passé si plein d'agréables souvenirs? comment ne pas dire, lorsqu'on a vu de près Charles Nodier, tout ce que la grâce de son esprit bienveillant répandait de charme autour de lui? J'ai été reçu dans sa précieuse intimité avec une bonté si parfaite, que je ne résiste pas au désir de peindre, moi aussi, cet intérieur si plein de bonhomie, où la mode n'avait aucune prise, et où l'on vivait d'une vie tout intellectuelle, mais qui n'excluait ni les plaisirs ni les joies de la jeunesse.

L'appartement de Charles Nodier, à la Bibliothèque de l'Arsenal, donnait d'un côté sur la rue de Sully, de l'autre sur le quai et sur l'île Louviers[1], qui depuis a disparu. Un ancien

---

[1] L'île Louviers, à cette époque, était entièrement occupée par des chantiers de bois. Un jour, Charles Nodier entra dans la salle à manger où je faisais le portrait de sa fille. « Mais on gèle ici! dit-il à la domestique. — Pour-

escalier, large, mais peu luxueux, conduisait à cet appartement, situé au premier. Après avoir traversé une antichambre assez étroite, on entrait dans la vaste salle à manger, qu'éclairait une petite lampe placée sur un poêle. C'est là que, sur la table repoussée près du mur, les invités déposaient leurs manteaux ou leurs pardessus, les femmes leurs chapeaux, et, à côté, les socques et les parapluies, car bien peu de nous pouvaient se donner le luxe d'un fiacre, et ni la pluie, ni la neige, ni rien n'aurait pu arrêter ces jeunes et charmantes jeunes filles et leurs intrépides danseurs.

Je ne sais si l'on avait inventé déjà les numéros pour les vestiaires; ce qu'il y a de certain, c'est qu'on n'en connaissait pas l'usage à l'Arsenal : aussi les vêtements entassés les uns sur les autres, par ordre d'arrivée, devenaient-ils un vrai chaos à débrouiller lorsque sonnait l'heure du départ.

Une fois débarrassé de son manteau, après

« tant, monsieur, lui répond-elle, j'ai rempli le poêle de
« bois. — Parbleu! l'île Louviers aussi est pleine de bois;
« allez donc voir s'il y fait chaud! »

avoir jeté un dernier regard sur sa toilette, après avoir vérifié si un peu de crotte ne restait pas au bas du pantalon, l'invité prenait un petit couloir qui séparait la salle à manger du salon, tournait le bouton comme s'il eût été chez lui, sans avoir la peine ni la possibilité de se faire annoncer, et, la porte ouverte, il jouissait alors du ravissant spectacle d'un bal dont la jeunesse et l'entrain faisaient seuls tous les frais.

A droite, dans le salon, sur le panneau qui faisait face aux fenêtres, était placé, au-dessus d'un canapé, le portrait de Nodier par Paulin Guérin. Dans l'encoignure, la statue de Henri IV enfant, moulée sur l'original de Bosio; de chaque côté de la cheminée, les deux fauteuils de Taylor et de Cailleux, habitués en titre; puis, la porte de la chambre à coucher du maître de la maison, et, près de cette porte, devant une des fenêtres, l'éternelle table d'écarté. Un paysage de Regnier, ami de la maison, faisait face au portrait de Nodier; en retour, un couloir conduisait à la chambre de madame Nodier, et le piano était placé dans un enfoncement, une ancienne alcôve, je crois.

Les deux tableaux dont je viens de parler étaient les seuls ornements de cette pièce, dont la boiserie ancienne et sculptée était peinte en blanc. L'éclairage était aussi simple que le reste : deux lampes sur la cheminée, et deux quinquets de chaque côté du portrait de Nodier. Je dois même ajouter que ces deux quinquets donnaient souvent l'occasion à la charmante Marie Nodier de monter lestement sur une chaise, au risque de laisser voir quelque peu son joli pied, pour tâcher de ranimer un moment leur flamme capricieuse.

Aussi n'était-ce pas l'élégance du mobilier, la richesse des tentures, le luxe et l'abondance des rafraîchissements qui nous attiraient dans ce salon célèbre; c'étaient la gaieté, l'esprit, pourquoi ne pas dire le génie, puisqu'on trouvait réunis dans le même lieu Lamartine, Victor Hugo, Alexandre Dumas, Alfred de Musset, Alfred de Vigny, enfin le maître de la maison? On oubliait bien vite, si même on y avait fait attention, la simplicité de l'ameublement, l'insuffisance de l'éclairage, en voyant tourbillonner devant soi, sur un mouvement de valse, toute cette génération de 1830 qui laissa plus tard une trace si brillante, ou figurer dans les quadrilles Delacroix, Eugène Devéria, Louis Boulanger, Francis Wey, Laverdant, Bixio, les deux frères Johannot, Paul Foucher, et tant d'autres.

Et ces jeunes filles, qui depuis sont devenues de dignes mères de famille, est-ce parce que nous avions vingt ans qu'elles nous ravissaient dans leurs simples robes montantes, dans leurs toilettes si peu brillantes? Non, je ne le crois pas; mais alors, habitués que nous étions à chercher un idéal dédaigné aujourd'hui, nous embellissions, sans en avoir conscience, ce qui passait devant nos yeux.

Je dois ajouter que la valse et la contredanse n'étaient pas le seul plaisir qui nous entraînât; la conversation d'hommes déjà célèbres, et dont la renommée devait s'accroître encore, avait presque autant d'attrait pour nous que la société des jeunes filles, et, la valse finie, nous allions nous joindre avec empressement au groupe qui entourait Lamartine et Hugo. Pour ma part, j'étais aussi ému le soir, en rentrant chez moi, du souvenir des entretiens auxquels je venais d'assister, que du serrement de main, peut-être imaginaire, d'une de mes danseuses. Je recueillais avec un tel soin la moindre des paroles de ces grands causeurs, qu'à cinquante ans de distance, je pourrais en citer encore, et que j'entends, comme si j'y étais, Victor Hugo émettre sur son art les théories dont je retrouvai plus tard le développement dans la préface de *Cromwell*.

L'attitude du poëte dans le monde était calme, presque grave, et contrastait avec une figure imberbe, pleine de douceur et de charme. Il ne se mêlait point, comme Alfred de Musset, Dumas et les autres, à nos plaisirs de jeunes gens; mais le côté sérieux n'était pas, je crois, le fond de son caractère : pensait-il qu'il fût nécessaire de l'affecter en vue de sa haute mission? Il se donnait une peine inutile; ses œuvres seules et son génie eussent suffi pour imposer le respect et l'admiration.

J'eus quelquefois l'honneur de le voir chez lui, où il voulait bien m'accueillir affectueusement : je le trouvai alors, au milieu de sa famille, d'un enjouement aimable, d'un esprit presque gamin, et se livrant, avec des rires d'enfant, aux plus invraisemblables calembours.

Une anecdote, entre tant d'autres, peut se citer encore. Certain M. Guyot-Berger avait déposé un album chez la concierge d'Hugo, avec prière au maître d'y inscrire quelques vers. Hugo, remarquant que toutes les pages étaient couvertes d'aquarelles signées du nom du propriétaire, fit cette parodie :

> Il aurait volontiers écrit sur son chapum :
> C'est moi qui suis Guyot-Berger de cet album.

Il y a loin de là aux vers d'*Hernani;* mais quelle trouvaille que cet à peu près inventé pour la rime!

Je m'arrête au côté spirituel et bon enfant du grand poëte. Je n'ai pas l'outrecuidance d'aller plus loin et de juger un pareil génie; je me contente de conserver dans ma mémoire des milliers de vers qui, depuis cette époque, y sont restés gravés, et de me le représenter toujours comme je l'ai vu à l'Arsenal, jeune, charmant, et pas républicain.

Ces hommes dont les débuts avaient tant de retentissement attiraient surtout notre attention, à nous autres jeunes artistes, qui n'avions devant nous qu'un avenir bien incertain ; mais combien d'autres passaient devant nos yeux, dont la renommée ne fut que plus tardive !

L'inventeur d'un fameux système, Fourier, venait à l'Arsenal. N'ayant jamais ouvert un de ses livres à cette époque (ni depuis), il ne m'est resté de lui qu'un souvenir effacé ; un fait seul, que m'a raconté Bixio, mon camarade de Sainte-Barbe, me donna une singulière idée de cet homme qui eut son heure de célébrité. Il sortait un soir de l'Arsenal avec Bixio : le temps était clair, la lune brillait dans son plein ; la première pensée qui vint à Bixio fut de dire : « Quelle belle lune, monsieur Fourier ! » Celui-ci, d'un air de mépris, lui répond : « Oui ; pro-
« fitez de ses derniers moments, car rien ne
« peut la soustraire à ma loi. » Tout surpris, Bixio, qui ignorait probablement le système, ne put qu'approuver de la tête, et il ne sut que plus tard le peu de cas que Fourier faisait de cette planète, qui devait, selon lui, disparaître

et faire place à quatre lunes de différentes couleurs.

Un des hommes de ce monde avec lequel je me liai le plus intimement fut Alexandre Dumas. Je dirai un jour peut-être, dans la suite de ces Souvenirs, l'amitié qu'il me témoigna, ainsi qu'à ma sœur, dont il cite la maison, dans ses *Mémoires*, comme une des trois où il avait le plus d'esprit. A cette époque, il était encore inconnu : *Henri III* ne fut joué que quelque temps après, et je ne pouvais être frappé que de son esprit étincelant, de cette gaieté continuelle, de cette exubérance de bonne humeur qui attiraient du premier coup, malgré le côté un peu banal de l'affection qu'il nous témoignait à tous.

Quant à Alfred de Musset, une certaine roideur de sa part, peut-être beaucoup de réserve de la mienne, empêchèrent que mes rapports avec lui fussent intimes et affectueux comme ceux que j'avais avec son frère. Pourquoi ne m'était-il pas sympathique? Certes, son talent m'avait, dès le début, enthousiasmé comme tous les jeunes gens de mon âge. Nous savions par cœur presque tout ce qu'il avait publié ; mais déjà il avait pour moi le même aspect glacé, la même indifférence, peut-être affectée, que plus tard on a pu attribuer à des excès assez regrettables. Je suis convaincu que ces excès ont précédé de longtemps la passion fameuse qui, prétend-on, les aurait fait naître.

Les autres hommes dont j'ai cité les noms étaient déjà trop haut placés pour que je pusse avoir la pensée de me lier avec eux; je me contentais de les écouter, de les admirer. J'avais alors, et j'ai conservé, du reste, le besoin de m'approcher des personnages illustres, mais toujours avec un véritable sentiment de respect. On comprend quel intérêt pouvait m'offrir le salon incomparable de l'Arsenal.

J'ai parlé d'une table d'écarté placée près de la porte de la chambre de Nodier. C'était autour de cette table que se réunissaient les hommes âgés et sérieux. Un des joueurs les plus assidus, M. Soulié, conservateur de la Bibliothèque de l'Arsenal, était le père de ce bon et aimable Eudore Soulié, qui se tenait alors bien timidement à l'écart, grand, mince, la vue basse, et tout effaré quand on s'adressait à lui. J'ai retrouvé Eudore, de longues années après, tout transformé au physique, mais toujours bon et affectueux, père de deux charmantes filles; il me présenta à l'une d'elles, qui porte un nom célèbre, madame Sardou, et dont la beauté m'avait frappé un soir que je la voyais, à ses côtés, dans le plus brillant et le plus hospitalier des salons de Paris (celui de la princesse Mathilde). J'ai retrouvé là ce vieil ami de jeunesse, et avec lui mes souvenirs d'autrefois.

La partie d'écarté, partie bien modeste, dont l'enjeu ne dépassait pas dix sous, avait lieu silencieusement dans le coin du salon que j'ai décrit, et, n'étaient quelques exclamations de Nodier sur la fatalité qui ne cessait de le poursuivre, on ne se serait pas douté de la présence du maître de la maison. Enfin, vers dix heures, il se soulevait longuement de sa chaise, et, sans que personne s'en aperçût, disparaissait par la porte qui s'ouvrait derrière lui. Cette chambre n'avait pas d'autre entrée : aussi, quelques instants après, voyait-on, une bassinoire à la main, madame Nodier apparaître à l'autre bout du salon, traverser les groupes de danseurs et se diriger vers la porte de son mari.

C'était pour nous une chose si habituelle, et qui nous paraissait si simple, que la contredanse ne s'interrompait pas un instant, et qu'on se bornait, tout en continuant les figures, à laisser passage à cette femme si charmante encore, et dont les soins touchants n'avaient rien de vulgaire à nos yeux. — Ne semblerait-il pas que j'écris des choses d'un autre âge, ou du moins d'un autre monde?

J'ai dit les noms des hommes qui fréquentaient ce salon, je n'ai pas parlé des femmes : je n'ai pas cité la charmante madame Bixio; la belle et spirituelle madame Jal, femme de l'érudit qui a laissé un dictionnaire si curieux et si utile; madame Ancelot, connue par ses ouvrages, et aussi par son salon célèbre; madame Valmore; enfin madame Hugo, qui nous inspirait à tous le plus profond respect, sans qu'aucun autre sentiment se mêlât à l'admiration que nous avions pour sa beauté.

Les soirées de l'Arsenal donnèrent à ma sœur

l'idée d'en organiser de pareilles au quai Conti, et cette idée fut vite mise à exécution. Les Nodier entraînèrent à leur suite presque tous leurs amis, et, avec les éléments qui composaient notre entourage, les mardis du quai Conti purent faire concurrence aux dimanches de l'Arsenal. Le bon, l'excellent, l'admirable artiste, Adolphe Nourrit, mon camarade de collége, nous présenta Levasseur, Ponchard, puis madame Damoreau-Cinti, qui se prit d'une vive amitié pour ma sœur et se fit un plaisir de lui donner des conseils. Les uns et les autres témoignèrent tout de suite un intérêt très-grand à cette jeune et courageuse femme, et ils parurent heureux d'apporter à nos soirées leur appoint considérable. C'était un bien curieux spectacle, et bien rare, sinon même impossible à revoir, que ces artistes hors ligne réunis dans le même salon, se succédant au piano avec beaucoup plus d'entrain et de bonne grâce que s'ils avaient été payés. Tout leur répertoire y passait, et devant quel public! ardent, passionné; nous approchions de 1830!

Aux habitués de l'Arsenal se joignirent les

connaissances de mon père; M. Mignet, qui avait été en relation avec Chassériau pour la publication de ses premiers ouvrages; M. Thiers, que Mignet nous amena, et qui devint bien vite de notre intimité; M. Ingres, dont j'étais l'élève; mon oncle Alexandre Duval; son gendre l'architecte Mazois. Les confrères de mon père à l'Institut formaient le côté grave et classique de ces soirées. Les discussions s'engageaient parfois très-vives et très-animées, car les classiques avaient affaire à forte partie, et Alexandre Dumas, Frédéric Soulié leur livraient souvent de rudes assauts, avec le secours des peintres mes camarades.

Mais l'entrain des jeunes gens, le signal de la danse surtout, coupaient court aux discussions. Devéria, Ziégler, Clément Boulanger mettaient tout en branle, et le quadrille ou la valse se formaient. Quelques-uns se tenaient à l'écart; Brizeux, qui pensait peut-être à *Marie,* Jules Lefèvre à son *Parricide,* se mêlaient peu aux groupes joyeux des danseurs, sans pourtant quitter des yeux les charmantes femmes qui les entouraient.

Quelle brillante réunion en effet!

Delphine Gay, dans tout l'éclat de sa beauté; près d'elle, ses sœurs, aussi jolies peut-être, certainement aussi spirituelles : madame O'Donnel, et celle qui fut depuis madame Garre, dont la charmante fille a épousé M. Détroyat; leur cousine, Sophie Allard, depuis madame Gabriac; enfin Marie Nodier, dont je n'essayerai point de faire l'éloge après les vers d'Hugo et de Musset.

Je m'arrête. Ma sœur, dans sa correspondance, peindra mieux que je ne pourrais le faire ce monde si différent de celui au milieu duquel nous vivons à présent, ces mœurs si simples, ce courant d'idées enthousiastes et élevées, où ne se mêlaient pas encore les questions politiques, encore moins les questions d'argent.

Malgré sa force et son courage, ma sœur s'aperçut un jour qu'elle avait dépassé les bornes, et que sa santé commençait à s'en ressentir. Le docteur Ferrus, ami de Thiers et de Mignet, et qu'ils avaient présenté à la maison, lui conseilla un voyage et les eaux de Vichy.

De nombreux parents de notre mère, fille d'un médecin de Cusset, existaient encore dans ce pays : cela décida ma sœur à suivre les conseils de M. Ferrus. Elle demanda l'hospitalité à une de ses cousines, qui la reçut à bras ouverts.

Quoique ce voyage soit postérieur de quelques mois à l'époque de notre existence que je me propose de raconter ici, j'y ai fait allusion pour citer la lettre que ma sœur m'écrivit alors de Cusset, et qui donnera tout de suite la note juste de son caractère.

« Samedi 2 juillet. — Cusset.

« Eh bien, cher Amaury, que fais-tu? que
« deviens-tu? Depuis huit jours, une seule lettre
« de Paris m'est parvenue, et je n'ai aucune
« nouvelle de notre père, de ma fille! Sois
« assez gentil pour m'en donner le plus tôt
« possible, et de longs détails sur ce Paris que
« je ne puis quitter sans éprouver une tristesse
« profonde.

« Rien de plus beau que ce pays-ci : c'est-à-
« dire que je te regrette à chaque pas, à chaque
« beauté nouvelle. Je n'ai encore vu que

« Vichy, Cusset et les Grivats : eh bien ! je ne sais
« lequel de ces sites je préfère ; chacun de ces
« pays a un aspect différent. Quelle belle nature !

« La société est moins belle que la nature ; et
« puis j'ai tant de parents que je m'y perds, et
« que cela devient fatigant.

« Il m'a fallu, en arrivant, rétablir ma
« réputation endommagée très-fortement par
« madame F..., dont je n'avais pas vu la fille
« à Paris, et qui a répandu le bruit que j'étais
« une bégueule, une chipie, une Parisienne
« enfin ! Mais j'ai paru, et j'ai triomphé ! J'ai
« dans ce moment un succès d'enthousiasme.
« On me trouve d'une amabilité si rare que les
« prévenances, les parties de plaisir m'acca-
« blent. Je n'entre pas dans une maison qu'on
« ne fasse sur-le-champ de la musique, parce
« qu'on sait que je suis une *très-grande* musi-
« cienne, et alors on fait chanter des enfants de
« cinq ans ; et que me chantent-ils ?... la *Pari-*
« *sienne !* Les plus âgés jouent des petits airs
« connus sur le piano, ou bien leur sonate sur le
« violon : c'est à en mourir.

« Il y a spectacle ici dans une grange, au-

« dessus d'une écurie. La toile est un affreux
« torchon, sur lequel on a écrit : *École des*
« *mœurs,* surmonté d'un drapeau tricolore et
« d'une *dindonne,* à ce que me dit ma cousine
« Ninette. On a joué *Antony,* à cette école des
« mœurs.... Non, de ta vie, tu ne verras pareil
« effet ! — Oh ! s'écriait-on de tous côtés, la sale
« pièce ! Ah ! mon Dieu ! et madame Paturet
« qui a amené sa fille !... On leur porte peine en
« vérité..., etc., etc. — Enfin, un monsieur dont
« la femme est de même naissance qu'Antony,
« est allé au *chauffoir* dans un tel état de colère
« contre la sale pièce, qu'on ne la jouera plus.
« L'orchestre se compose d'amateurs de la ville,
« qui n'ont pas pu s'accorder une fois : deux
« violons, trois bassons et une flûte avaient si
« peur de se faire entendre, que, de tout cela,
« je n'ai pu saisir que le son d'un petit violon
« bien pointu. Je n'ose écrire ce que faisaient
« les bassons; mais, par intervalles, on enten-
« dait... un bruit étrange, qui me faisait tres-
« saillir.

« Que n'es-tu ici, cher frère, pour copier
« une miniature de notre pauvre mère, qui est

« si jolie, si belle, si ressemblante, que j'en ai
« été malade? Le costume, la figure, tout est
« divin. Que ne donnerais-je pour l'avoir? C'est
« elle, si bien elle, que j'ai cru la voir. Oh! le
« joli portrait! Il n'en est pas de même des
« autres qui sont ici. Il faut les voir pour en
« avoir une idée!

« Hier, on parlait peinture, ou plutôt on
« déraisonnait, quand un mien cousin me dit :
« — *Petite cousine, je vous montrerai un tableau
« de famille grand comme ça* (il indiquait la
« moitié de sa main), *où je me suis fait repré-
« senter couché sur une ottomane, un livre à la
« main, mon épouse à son piano, mon fils vo-
« lant un morceau de sucre, sans que nous le
« voyions, dans un sucrier placé sur un guéridon
« en acajou, ma fille à mes genoux, effeuillant
« une marguerite et disant :* — Je l'aime, un
« peu, beaucoup, etc.... *C'est une pièce fort
« remarquable.* » Je t'avoue que je n'ai pu y
« tenir, et qu'il m'a fallu trouver un prétexte
« pour rire à mon aise. Te figures-tu ce tableau?
« n'est-ce pas divin? Eh bien! j'en ai comme
« cela à la journée...

« Je prends les eaux; on s'amuse peu... Les
« hôtels sont brouillés, et l'on ne se réunit pas.
« Adieu, mon chéri, mon frère; écris-moi une
« longue lettre et dis-moi que tu m'aimes au-
« tant que je t'aime.

« Emma. »

On a vu, dans ce qui précède, la vie charmante, quoique bien modeste, que nous menions en famille. Une circonstance vint en troubler le calme et me mettre à même de visiter un pays qui est le rêve de tous les artistes.

Je vais dire dans quelles conditions je partis pour la Grèce.

CHAPITRE II.

L'expédition de Morée. — Voyage de Paris à Toulon.

La bataille de Navarin venait de délivrer la Grèce. Les Turcs, chassés de la Morée, n'avaient plus en leur pouvoir que la seule ville d'Athènes. Cette cause, qui avait si profondément ému l'Europe, était gagnée. Il restait à compléter notre occupation en Morée par l'envoi d'une commission scientifique, comme il avait été fait en Égypte à la fin du siècle dernier.

La tendance qu'ont tous les gouvernements en France à s'imiter les uns les autres est une chose à remarquer; les mêmes faits se rencontrent chez nous à chaque gouvernement, et Dieu sait si les gouvernements se renouvellent! Le général Bonaparte avait organisé une commission de savants et d'artistes pour suivre sa marche en Égypte et glaner après lui; Charles X ne voulut pas rester en arrière, et une commission d'artistes et de savants fut nommée pour aller en Grèce récolter aussi sa moisson.

J'eus le bonheur de profiter de cette idée plus ou moins bien exécutée : M. Dubois, un des chefs de la commission, pensant qu'un jeune élève de M. Ingres serait heureux de faire partie de cette intéressante et savante caravane, me fit offrir par mon père, qui hésitait à accepter pour moi, une place de dessinateur dans la section d'archéologie.

Ce voyage n'était pas sans danger. Les récits que l'on faisait à Paris sur le sort de nos soldats, la pensée que ce climat peu sain était rendu plus insalubre encore par les exhalaisons de toutes sortes que répandaient la maladie, la misère, et surtout les cadavres qu'on n'avait pas eu le temps d'enterrer profondément et qui gisaient à fleur de sol : tout cela jetait mon père, ma sœur et ceux qui m'aimaient dans une profonde inquiétude. Et puis on n'allait pas, comme aujourd'hui, en quelques journées, de Paris à ces points éloignés. C'étaient de longs jours, de longues nuits, l'impossibilité de revenir à époque fixe, si la fatigue, la maladie devenaient insurmontables. Mais j'avais vingt ans, j'étais à peine sorti de mon village, j'avais déjà un peu puisé dans les leçons de mon illustre maître le goût des belles choses de l'antiquité : l'idée d'aller voir la Grèce me donna facilement réponse à toutes les objections. Je ne sais pas ce qui aurait pu m'arrêter; j'acceptai avec joie cette mission, bien que je la trouvasse au-dessus de mes forces et craignisse de ne pouvoir m'en montrer digne.

Je ne pouvais me dispenser d'aller annoncer ce projet à M. Ingres et de lui demander son avis; je ne le fis pas sans craintes. N'allait-il pas me trouver trop peu avancé dans mes études pour tirer profit d'un pareil voyage? Un mot de lui dans ce sens aurait changé toutes mes résolutions. Il n'en fut rien. — « Certai-
« nement, me dit-il, vous auriez eu un plus
« grand avantage à voir plus tard ce pays si
« beau, si plein de souvenirs; mais vous en
« savez assez, vous avez surtout un goût assez
« prononcé des belles choses, pour ne pas
« rester froid sur cette terre classique et pour

« en garder un souvenir qui vous sera utile. »
Il laissa même percer un regret de ne plus être
tout à fait libre, et je vis qu'il enviait mon
sort. Je le quittai tout heureux de cet encouragement.

Quelle que soit la joie que cause une pareille
bonne fortune, il est bien difficile, lorsque le
jour approche où l'on va rompre avec toutes
ses habitudes et aborder l'inconnu, de ne pas
éprouver un moment d'émotion douloureuse et
de ne pas redouter cette dernière poignée de
main, ces derniers embrassements où l'on s'efforce, de part et d'autre, pour conserver un
peu de calme, de ne pas donner tout son cœur.

J'étais certes bien heureux, et je ne pouvais
pas, à mon âge, désirer plus belle aventure;
mais, quand mes malles furent faites, il me
fallut une certaine force pour attendre la fin
de cette journée qui devait me séparer de
tous ceux que j'aimais, et, le moment venu,
lorsque je vis dans la cour des Messageries la
voiture qui allait m'emporter, je m'y précipitai
fiévreusement, avant même que mon nom fût
appelé.

Les diligences attelées, prêtes à partir dans toutes les directions ; la foule qui les entourait, envoyant des baisers, des vœux de bon voyage ; les hennissements de vigoureux chevaux qui n'attendaient que le signal pour s'élancer ; enfin l'horloge sonnant quatre heures, et toutes les lourdes et massives voitures se mettant en branle au coup de fouet et au cri énergique des postillons, c'était un spectacle bien autrement vivant et animé que celui du départ d'un chemin de fer moderne, où tout se passe avec le silence et la gravité d'une exécution.

Nous occupions le coupé, M. Dubois, chef de la section, mon collaborateur Trézel, et moi.

Les chevaux de la voiture, en faisant feu des quatre pieds, entraînaient déjà la lourde machine, que nous étions encore penchés à travers les portières, envoyant de la main nos adieux à nos amis, à tous ceux que nous laissions, et nous ne reprîmes nos places que lorsque la diligence, en tournant dans la rue Montmartre, nous mit hors de vue. Alors, par un mouvement spontané, nous nous serrâmes tous trois la main, engagement tacite de nous aimer, de nous soutenir, de nous protéger.

C'était le 11 janvier 1829. L'année était des plus froides, la nuit arrivait fort vite dans cette saison. Quand nous restâmes livrés à nos pensées, je profitai d'un reste de jour pour tirer de ma poche un papier que m'avait remis mon père au moment de me quitter, et je lus ce qui suit :

« Samedi 10 janvier, onze heures du soir.

« Mon cher fils, tu quitteras dans quelques
« heures la maison paternelle. Cette idée m'ôte
« le sommeil. Je ne puis rien faire de mieux
« que de m'entretenir par écrit avec toi. Je
« sens bien que je vais répéter ici ce que je
« t'ai dit plus d'une fois; pardonne, je suis
« dans l'âge où l'on radote; mais non, tu ne
« traiteras pas de radotage les expressions de
« ma tendre sollicitude pour ton bien-être.
« Écoute avec bienveillance, Amaury, les re-
« commandations de ton vieux père.

« Je ne te demanderai pas de rester toujours
« fidèle à la probité, à l'honneur; ton éduca-
« tion, ton caractère me sont garants que tu ne
« t'écarteras jamais des devoirs de l'honnête
« homme. Je sais même, et je le dis avec
« orgueil, parce que tu m'en as donné des
« preuves, jusqu'où tu portes la loyauté. Oh!
« conserve ces heureuses qualités.

« Mais tu vas te trouver au milieu d'hommes
« jeunes comme toi et pleins de chaleur; évite
« les querelles, surtout si elles s'élèvent sur
« des questions insignifiantes; que t'importe-
« rait alors d'avoir raison? Laisse-les triom-
« pher sans leur répondre. Si l'objet de la dis-
« pute était important, prends pour juges tes
« chefs; c'est leur devoir de maintenir la paix
« entre vous.

« Parlons maintenant des moyens de conser-
« ver ta santé. On te dira que, dans les pays
« chauds, il faut user des liqueurs fermen-
« tées, même d'eau-de-vie; n'en crois rien.
« Mange des fruits, des légumes, peu de viande,
« bois de l'eau un peu acidulée, et je suis sûr
« que les fièvres ne t'atteindront pas. C'est le

« régime que j'ai suivi pendant dix ans dans un
« pays non moins chaud que la Grèce, et je n'ai
« jamais été malade.

« Tu m'as promis d'écrire chaque jour tes
« observations, et même celles de tes camarades,
« lorsque tu les trouveras intéressantes ; tu y
« joindras des croquis, des sites, des monu-
« ments; et quel plaisir tu éprouveras en
« voyant plus tard ce dépôt de croquis, quelque
« informes qu'ils soient, en relisant ces pensées
« qui sont nées des circonstances, et qui ne
« paraîtront que plus vives et plus frappantes!
« Si tu veux m'envoyer un extrait de ton itiné-
« raire, je le conserverai avec soin. Écris sans
« prétention, comme tu me parlerais, si j'étais
« là. Numérote chacune de tes lettres, afin que
« je sache si toutes me parviennent.

« Profite de ton passage sur le vaisseau qui
« vous conduira en Grèce pour prendre une
« idée de la manœuvre d'un bâtiment; rien
« n'est plus utile, ne fût-ce que pour mieux
« comprendre les relations des voyages mari-
« times. Mais surtout occupe-toi, pendant ce
« trajet, de l'étude du grec moderne. M. Schi-

« nas te sera, en cette occasion, d'un grand
« secours ; mais je crains bien que le mal de
« mer ne te permette ni observations ni études :
« il faudra ajourner tout cela au moment où
« vous serez arrivés à destination. Alors, quand
« vous ne dessinerez pas, le soir, dans vos
« tentes, étudie, outre le grec, quelque ouvrage
« d'antiquité ou de géographie, Pausanias par
« exemple, Strabon, etc.

« A ton retour, si tu as pu économiser sur
« ton traitement, tâche de traverser l'Italie. On
« a paru blâmer ce projet, parce que, dit-on,
« on ne voit pas l'Italie en courant. Je le sais ;
« mais on prend une idée de ses merveilles,
« elles laissent des traces dans l'esprit, et, quoi
« qu'on en dise, un simple coup d'œil sur de
« grandes beautés suffit à de certaines gens
« pour se sentir inspirés.

« Je n'ai plus qu'un mot à te dire, mon cher
« fils : en Grèce, si ta santé n'est pas bonne, si
« tu ne peux t'habituer ni au climat, ni à la vie
« qu'il te faudra mener, abandonne, sans hési-
« ter, tous les avantages qui résulteraient pour
« toi d'un plus long séjour, reviens en toute

« confiance vers ton père, qui te recevra tou-
« jours à bras ouverts.

« A. D. »

Je n'étais pas encore assez lié avec mes compagnons de voyage pour me laisser aller, devant eux, à l'émotion que m'avait causée la lecture de cet adieu de mon père, et je profitai de la nuit qui arrivait pour leur cacher mes larmes et les essuyer sans qu'ils me vissent.

Nous étions sortis de la barrière; la plaine qui environne Paris nous apparut blanche d'une nappe de neige, et son éclat répandait autour de nous une certaine clarté, que les glaces de la voiture couvertes de buée ne pouvaient pas même atténuer. J'aurais préféré une obscurité complète, qui m'eût laissé tout entier à mes impressions pendant les quelques moments qui précèdent le sommeil; le mien fut fort agité. Enfin, les premières lueurs du jour nous permirent de voir où nous étions.

On sait la monotonie de la route qui traverse la Bourgogne; partout des collines arrondies, d'une forme médiocre, et des échalas. On sait aussi ce que produit ce pays, — il ne peut pas tout avoir. Ce ne fut qu'après l'avoir dépassé que les montagnes commencèrent à se dessiner, les accidents de terrain à s'accentuer, que la route devint intéressante.

Mais, dans les voyages d'alors, que de petits événements de tous genres en faisaient oublier la longueur! Que d'inattendu et de gaieté! Quel plaisir de se dégourdir les jambes en montant les côtes! Ce moment mettait bien vite en relation tous les voyageurs de la voiture, et la connaissance était faite quand arrivait l'heure des repas, si animés, si bruyants, où le commis voyageur, maître du lieu, initiait la table entière aux intrigues de la localité, tout cela mêlé de plaisanteries un peu usées, mais on n'est pas difficile, et débité sans perdre une bouchée des morceaux de choix que la servante lui donnait; le conducteur, au bout de la table, toujours servi le premier; les voyageurs affamés, furieux de la rapidité du service, quelques-uns menaçant d'emporter le poulet que l'hôte s'obstinait à ne pas découper; enfin, l'explosion de colère quand le conducteur, bien repu, venait annoncer qu'il fallait partir[1].....

Mais les scènes de ce genre ont été si merveilleusement reproduites par Henri Monnier, que je ne peux que renvoyer le lecteur à ses scènes populaires. A l'entendre surtout raconter le relais au petit jour dans une ville de province, on sentait le froid du matin, on assistait à ce réveil forcé des voyageurs au milieu du bruit, des hennissements des chevaux, des jurons des postillons, qui interrompaient seuls le calme de cette heure matinale. Que ces peintures étaient vraies! Et elles le seront toujours, même pour ceux qui n'ont pas été, comme les hommes de ma génération, très-souvent acteurs dans la réalité.

Cependant nous avancions, quoique bien lentement, sur des routes que la neige fondue rendait souvent impraticables. Le froid ne cessa pas de se faire durement sentir, même après

---

[1] J'ai longtemps cherché, sans jamais le trouver, pour quel motif on abrége à ce point, en France, les repas des voyageurs. Il est vrai qu'il y a tant d'autres choses que je ne comprends pas!

que nous eûmes passé la ville de Lyon; mais, un jour, tout à coup, presque sans transition, comme si un rideau se fût levé devant nous, le ciel nous apparut pur et brillant, le soleil, pour la première fois depuis notre départ, nous réjouit la vue, et je sentis un bien-être et même une gaieté que je n'avais pas encore éprouvés jusque-là. Nous étions près de la charmante ville de Valence. Ce changement subit de température, dans cette partie de la France, est encore plus frappant à l'heure qu'il est, grâce à la rapidité des chemins de fer, et je n'ai pas été le seul à le remarquer.

Toulon était le but que nous désirions vivement atteindre. C'était là qu'une frégate mise à notre disposition, la *Cybèle,* devait nous attendre; là aussi était fixé le rendez-vous de tous les membres de la commission. Nous passâmes cependant une nuit à Marseille, la fatigue nous y forçant; mais, le lendemain matin, nous nous remettions en route.

J'ai vu peu de passages de montagnes d'un aspect plus effrayant, plus sinistre que les gorges d'Ollioules; on imaginerait difficilement un théâtre mieux approprié à certains actes de brigandage dont il était question encore, et que ce lieu rendait tout à fait vraisemblables. Mais un spectacle tout différent m'attendait à la sortie du défilé. Nous nous trouvions subitement au milieu de vallées verdoyantes, que peuplaient des orangers couverts de fleurs et de fruits; et toujours le ciel du Midi pour donner de la joie au plus triste. Aussi je me laissai aller à des transports qui firent sourire mes deux compagnons, moins inaccoutumés sans doute à de pareils spectacles.

Enfin, après huit jours de route, et deux nuits seulement de repos à Lyon et à Marseille, nous aperçûmes avec joie la montagne à laquelle est adossé Toulon, et l'admirable rade qui s'étend à ses pieds.

CHAPITRE III.

Mes compagnons et nos chefs. — Lettre de ma sœur. — Les savants à Toulon.

Avant d'aller plus loin et d'entrer dans Toulon, où nous devions nous installer en attendant le jour de notre départ, ne serait-ce pas le moment d'indiquer la physionomie de mes compagnons en quelques traits que la suite de ces notes accentuera davantage?

M. Dubois, chef de la section d'archéologie, dont je faisais partie comme dessinateur, avait été élève de David. Je croirais volontiers que ses dispositions pour la peinture n'étaient pas assez grandes pour qu'il continuât à suivre cette carrière; toujours est-il qu'il y renonça et devint, je ne sais par quelles circonstances, ami et aide du grand Champollion. Il avait exercé son œil dans de nombreuses expertises,

avait probablement un peu glané à droite
et à gauche, surtout dans la conversation de
son maître, qui lui fit obtenir, au Musée du
Louvre, une place assez importante. Grand,
gros, de l'entrain, de la gaieté, une apparence
de Joseph Prudhomme, avec qui des lunettes
d'or lui donnaient encore plus de ressemblance. Son répertoire de charges d'atelier,
quoique varié, n'était cependant pas inépuisable; les plaisanteries et les histoires qu'il
contait drôlement, se répétaient un peu; quel-
ques-unes dataient du temps de l'Empire, mais
je ne les connaissais pas, et elles m'amusèrent.
Il était marié et vivait à Paris, avec sa femme et
sa jeune fille, dans un intérieur modeste, mais
confortable; pendant notre excursion, je l'entendis souvent regretter cette vie de famille,
sans que j'aie jamais voulu approfondir ce qu'il
en regrettait le plus, car c'était surtout pendant nos repas qu'il se plaignait. Ce que je
dois ajouter, c'est qu'au premier abord il était
fort séduisant, et qu'il faisait beaucoup de frais,
surtout pour les derniers arrivants.

Mon autre compagnon, Trézel, frère du général si brave et si estimé, qui n'était encore que colonel à l'époque dont je parle, était petit, d'une physionomie douce et aimable : pour moi, qui n'avais que vingt ans, il paraissait presque vieux, quoique, à consulter l'année de sa naissance, il fût encore loin de la cinquantaine. Cette différence entre nous lui donna tout de suite le droit de me traiter comme un enfant, et jamais père ne fut plus dévoué pour son fils, plus tendre, que ne le fut pour moi ce cher et excellent homme.

Et dire qu'après ce voyage, après toutes les preuves d'affection qu'il m'a données, nous nous sommes perdus de vue!... Je ne cherche pas d'excuses à une ingratitude impardonnable de ma part. Mais la vie de Paris n'y est-elle pas pour beaucoup? Je demeurais dans un quartier fort éloigné du sien, et cela suffit souvent pour me retenir quand je m'apprêtais à l'aller voir; et puis le monde, les entraînements bien fréquents à l'âge que j'avais! Je le répète : ce ne sont pas là des excuses, et rien ne peut atténuer mes regrets de ne lui avoir pas témoigné toute ma reconnaissance comme je l'aurais dû. Ce sentiment ne viendrait-il que plus tard dans notre cœur, et serait-ce seulement lorsque nous sommes vieux nous-mêmes, et sentons le vide se faire autour de nous, que nous comprenons la faute, sans pouvoir la réparer?

Trézel était peintre et élève de Prudhon. Il avait une certaine habileté et rappelait dans ses ouvrages la manière de son maître; mais cependant son talent n'a jamais pu se faire jour; je ne crois pas même que son nom réveille aucun souvenir chez les artistes de la génération actuelle. Il était, comme moi, dessinateur de la section d'archéologie, et certes un seul aurait suffi pour ce que nous devions avoir à faire. Mais je me suis toujours effacé devant lui de bien bon cœur, et ce sont ses dessins qui ont été publiés dans l'ouvrage sur la Morée.

Voilà mes deux compagnons de route. Nous allons retrouver à Toulon les autres membres de la commission.

Je fus charmé de mon séjour dans cette ville, et, si l'on s'en étonne, il ne faut pas qu'on oublie que nous étions au 18 janvier, et que je faisais ma toilette les fenêtres ouvertes, par un soleil étincelant, alors que la Seine était prise à Paris. Jeune, entouré d'hommes charmants qui avaient pour moi toutes sortes d'attentions et de soins, je me trouvais fort heureux, et n'avais plus qu'un désir : recevoir des nouvelles de Paris; aussi ce fut avec une vraie joie que je reconnus à la poste restante l'écriture de ma sœur.

Voici la première lettre que je reçus d'elle :

« Paris, 16 janvier 1829.

« Je voulais t'écrire tous ces jours-ci, mon
« bon ami, et te dire combien nous avons
« pensé à toi par le froid qu'il fait; mais le
« temps m'a manqué, et, ce matin, en atten-
« dant mes élèves, je vais te demander com-
« ment tu te portes, comment tu as passé tes
« jours et tes nuits en voyage, et si tu as eu
« bien froid. Mercredi, en allant à Vincennes,
« j'ai été tellement gelée pendant une heure,
« que je souffrais encore davantage en pen-
« sant à ce que tu avais dû éprouver pendant

« trois jours ; écris-moi vite pour me rassurer.

« Mardi !... c'était mon jour d'émotions. A
« quatre heures, qui m'annonce-t-on ? Madame
« Récamier en personne, qui me reste une heure,
« qui m'adore, qui veut que j'aille chez elle et
« qui reviendra chez moi. Elle a été charmante
« et m'a appris que sa nièce Amélie[1] allait en
« Morée. Ainsi, de Montrouge, tu la verras à
« Olympie. C'est drôle ! Mignet vient dîner, et,
« à huit heures, on m'appelle. Qui trouvé-je
« dans ma chambre ? Madame Nodier, Marie et
« sa tante, en papillotes retroussées, et le peigne
« à la main. Elles étaient venues à pied. Sur-
« le-champ, je les aidai à s'habiller.

« T'avais-je dit que M. Decomberousse de-
« vait me présenter le petit de B..., et devait
« le présenter comme prétendu ? Eh bien ! il est
« venu mardi. De ta vie tu ne verras un cos-
« tume pareil : pantalon collant, bas de den-
« telle, brillants tout le long de sa chemise ; serré
« à étouffer, vu qu'il est horriblement gros ;
« claque à la main, chaîne de montre, chaîne

[1] Madame Ch. Lenormant.

« de lorgnon, bagues à tous les doigts... Enfin,
« inouï. Il a fait révolution. Tout ce qu'il a dit
« a répondu à son costume. Associé d'agent de
« change, il n'a parlé que de sa caisse et de
« rentes; il m'a offert du jus de réglisse dans
« une petite bonbonnière en or; mais le plus
« joli, c'est qu'en allant demander une voiture
« à Annette, il lui a fait une scène violente.
« Obligé d'aller la trouver jusque dans la cui-
« sine, où elle était, il lui a dit, furieux :
« — C'est très bien, mademoiselle; vous êtes
« là à vous chauffer tranquillement, et, pen-
« dant ce temps, on peut tout emporter dans
« la salle, les manteaux, les chapeaux; c'est
« inconcevable! Au moins, ôtez la clef! » An-
« nette ne savait plus où elle en était; et quand
« elle m'a raconté cela, je suis morte de rire...
« Me vois-tu la femme d'un homme comme
« cela? C'est que je lui plais *excessivement*.

« Quant à Marie Nodier, elle a eu les hon-
« neurs de la soirée; je lui ai fait chanter ses
« airs : succès d'enthousiasme. Ziégler, Bri-
« zeux, Voltreck étaient à enchaîner; Ziégler,
« qui ne l'avait pas trouvée jolie en la voyant

« entrer, la trouvait à la fin bien plus que jolie,
« ravissante.

« *Emma d'où partent ces cris* [1] a chanté du
« tonnerre, des éclairs, des fureurs, etc., etc.
« Madame X... s'est éclipsée avec M. de C...;
« et voilà mon mardi fini.

« Mercredi, Vincennes. Tuée !

« Jeudi, ma leçon Ponchard. Après ma leçon,
« chez madame Gay, qui a été charmante pour
« toi, ainsi que Delphine. Je suis rentrée, et le
« bon Ferrus est venu savoir comment tu étais
« parti et si tu te portais bien.

« Voilà, mon bon ami, toute ma semaine. Je
« voudrais que tu te crusses encore près de
« nous par mes récits. Écris-nous le plus sou-
« vent possible, et aussi des détails sur toi, sur
« ta santé. Nous t'embrassons et te souhaitons
« tout le courage et tous les bonheurs possi-
« bles. Encore adieu, mon bon ami.

« Ta sœur, Emma. »

---

[1] Surnom donné à une élève de ma sœur, dont mon père interrompit un jour la leçon en ouvrant la porte de son cabinet et en disant : « Emma, d'où partent ces cris ? »

Cette lettre me rappela tout d'un coup le milieu que je venais de quitter, et, faut-il le dire? avec un sentiment de tristesse auquel se mêlait quelque peu d'amertume. On est disposé à croire que l'on emporte avec soi une partie de la bonne humeur de ceux qu'on a laissés en arrière, et l'on est étonné et blessé de savoir qu'ils s'amusent, qu'ils chantent comme devant. J'étais injuste. C'est l'image d'un long, d'un éternel départ, après lequel tout reprend son cours, et ceux qui survivent subissent une loi naturelle, qui n'est pas l'oubli, je le sais, quoique cela en ait toutes les apparences.

Nos autres compagnons commençaient à arriver. La commission se complétait, et nous avions été présentés, Trézel et moi, au chef de la section d'histoire naturelle, M. Bory Saint-Vincent, et au chef de la section d'architecture, M. Blouet.

Je ne dirai qu'un mot de ces deux hommes connus. L'esprit brillant de M. Bory Saint-Vincent ne put me faire passer, tout jeune que j'étais, sur son outrecuidance et son aplomb, et je m'habituai difficilement à cette activité, à ce mouvement perpétuel. Son habillement, dans les cérémonies ou dans les visites que nous allions rendre aux autorités, était d'un grotesque achevé. Il avait réuni en un mélange fort bizarre le costume de colonel et celui de membre de l'Institut. Mais il n'avait pas conscience ou feignait de ne pas s'apercevoir de l'étonnement qu'il provoquait partout. Dès les premiers jours, il laissa percer l'ambition, qu'il n'a cessé d'avoir pendant le voyage, de passer pour le chef suprême de la commission, et je m'aperçus bien vite de la froideur que M. Blouet et M. Dubois lui témoignaient quand il laissait trop paraître ses prétentions. Spectateur indifférent de ce petit antagonisme, je pus prévoir facilement combien en souffriraient les résultats de l'expédition. Je me trompe sans doute; mais j'ai peine à comprendre une commission de cette nature sans un chef unique, qui en dirige l'ensemble et qui assume toute la responsabilité. Il y avait à notre tête trois chefs : c'était trop de deux, qui devaient nécessairement, et bientôt, tirer chacun de son côté... Il est vrai qu'il y a bien d'autres circonstances encore où je n'admets qu'un seul maître. Aussi, je le répète, j'ai probablement tort.

M. Blouet, architecte de talent, avait l'apparence grave d'un travailleur acharné. Mais les deux types les plus curieux de la commission étaient, sans conteste, Edgar Quinet et Vietty, sculpteur lyonnais. Edgar Quinet, qui depuis...; mais alors c'était un charmant jeune homme, à l'apparence timide; il ne tarda pas cependant à laisser voir une fermeté de caractère que l'on n'aurait pu soupçonner tout d'abord. Il arrivait d'Allemagne, d'où il avait rapporté beaucoup d'érudition sous un certain air embarrassé. — Le sculpteur, espèce de paysan du Danube, pour la forme du moins, avait, disait-on, une profonde instruction : il savait le grec autant qu'homme de France; aussi traita-t-il les habitants de la Morée comme des ânes bâtés, parce qu'ils ne comprenaient pas la langue d'Homère : enfin, plus helléniste que sculpteur.

Mes autres camarades ont laissé moins de traces dans mon souvenir; cependant je n'ai point oublié le brave Poirot et Ravoisié, architectes tous deux; Bacuet, capitaine de cuirassiers et peintre de paysage. Tous ces jeunes gens aimables me témoignèrent une véritable affection. Un Grec aussi, M. Schinas, était adjoint à ma section; mais il nous abandonna assez vite lorsqu'il fut dans son pays et qu'il y retrouva une charmante jeune fille qui devint sa femme. Enfin, un spirituel officier d'infanterie, dont je devins l'ami, Sextius Delaunay, le seul à peu près avec lequel je conservai des relations, que sa nomination comme intendant militaire en Algérie interrompit trop tôt.

Cette réunion d'hommes plus ou moins distingués, mais chargés d'une mission importante, devait produire une assez grande sensation dans une ville comme Toulon; aussi fûmes-nous fort recherchés : les autorités nous firent fête, et j'eus le plaisir d'assister à un bal charmant chez le préfet maritime, l'amiral Jacob. Je rencontrai dans cette soirée un de mes camarades de collége, bien jeune naturellement, Dubourdieu, qui venait déjà de se distinguer à la bataille de Navarin, où il avait eu la cuisse emportée par un boulet de canon.

Ce précoce invalide à jambe de bois attirait tous les regards, et je vins à lui, pour renouveler connaissance, avec une émotion bien sympathique.

La commission scientifique, annoncée depuis quelque temps, avait dû faire supposer aux habitants de Toulon une réunion d'hommes sérieux, même un peu pédants. « Les savants « sont arrivés », se disait-on, et nous conservâmes cette épithète pendant tout notre séjour dans cette ville; mais je ne suis pas sûr qu'à la fin elle ne nous ait pas été donnée ironiquement. Nous avions bien peu l'aspect de savants, et nous en avions peut-être encore moins la tenue. Cependant notre prestige dura assez longtemps pour qu'un malheureux habitant du département, un vrai savant sans doute, apprenant notre passage à Toulon, s'empressât d'accourir, de s'informer de notre hôtel, et voulût assister un jour à notre intéressante et instructive conversation. Comme nous étions fort nombreux à table, on fit peu attention à ce nouveau visage; en tout cas, cela n'arrêta pas la verve de M. Dubois, qui se

trouvait précisément fort en veine. Il nous servit les histoires les plus épicées de son répertoire. J'avais remarqué la figure de l'étranger : je le voyais passer par toutes les phases de l'étonnement, sans qu'il parût se dérider un instant, et je supposais qu'il ne comprenait pas. Je fus détrompé un instant après, quand l'hôte, que je questionnai, me répondit que cet étranger était sorti furieux en lui disant :
« Ce sont là les savants qui viennent d'arriver !
« Qu'on fasse atteler tout de suite ! je pars. »

Qu'a-t-il dû penser? et quelle opinion a-t-il pu avoir de notre tenue et de notre érudition, à moins qu'il ne se soit refusé à croire que ce fût bien la vraie commission scientifique?

CHAPITRE IV.

Nouvelles de Paris. — Nous mettons à la voile. — Premier dîner à bord. — Passage du détroit de Messine. — Coup de vent. — Arrivée en Grèce.

Quelques charmantes parties aux environs de Toulon, la société pleine d'entrain de mes camarades de voyage, ce beau ciel que je ne connaissais pas encore, donnaient le change à mon impatience, mais ne suffisaient pas pour diminuer le désir de partir, qui commençait à me gagner, et le besoin de voir enfin un pays que je cherchais à me figurer. Heureusement, les lettres de ma sœur me faisaient toujours passer de bons moments, car c'était bien pour m'empêcher de me laisser aller à la tristesse qu'elle appuyait sur les côtés amusants de son existence à Paris. On en jugera par le fragment que je donne ici.

. . . .

« Nos mardis se soutiennent, et ta prédiction
« s'est réalisée; on a dansé! Le dernier a été
« sublime. Ponchard est venu : nous avons
« chanté le duo du *Comte Ory;* puis il a chanté
« seul trois fois, et nous a tous ravis. Jamais nous
« n'avions eu autant de monde : les Nodier,
« les Larrey, les Jal, Decomberousse, etc., etc.
« Mais ce qui fait maintenant la joie du mardi,
« c'est mon prétendu! Il avait l'autre jour un
« col de chemise et des manchettes brodés,
« deux gilets de cachemire, retenus par des
« bagues au milieu! Il fait maintenant le mé-
« nage chez moi, veille à tout, quand je chante;
« ses *Bravo!* et ses *Hélas!* sont si forts que tout
« le monde s'aperçoit de ses projets et en rit.
« Je ne le regarde même pas, tant il m'exas-
« père. Enfin, c'est à qui s'en moquera.

« Tu manques bien à nos mardis; tu t'amuse-
« rais, car maintenant cela prend une tournure,
« surtout depuis que les Nodier y viennent ré-
« gulièrement. Marie Nodier a toujours un suc-
« cès fou; Brizeux et Ziégler en perdent la tête.
« A propos, M. Mennessier m'a été présenté
« par Gaume; il me paraît fort épris de Marie.

« J'ai maintenant à te rendre compte d'une
« grande soirée qu'a donnée madame D... pour
« notre oncle Alexandre, qui nous a lu sa pièce
« d'*Ourika*, et pour nous faire entendre le *pre-*
« *mier violon de l'Europe*. Les frais de réception
« étaient immenses. Tout le long du passage, des
« lampions; des fleurs dans l'escalier, des bou-
« gies en quantité. Tu connais les sentiments
« d'économie de madame D... Je n'en revenais
« pas! Peu à peu le monde est arrivé. Il faisait
« un tel froid que la Seine était prise; toutes
« les figures étaient décomposées; le chauffage
« avait été négligé. Aussi la maîtresse de la mai-
« son, dans un moment où tout le monde était
« assis, prêt à écouter, entra-t-elle, portant dans
« un voile de gaze bleu de ciel, tenu comme
« une guirlande à l'Opéra,... une chaufferette!

« Mon oncle nous a lu sa pièce, qui est pleine
« d'intérêt : ce qui n'a pas empêché M. Viennet
« de dormir tout le temps et de se réveiller...
« pour prendre une glace. Il y avait des glaces
« à profusion chez madame D...! Elle en était
« folle! Moi, qui la connais, je laisse passer le
« plateau sans en prendre, ne voulant pas lui

« faire trop de mal au cœur; et voilà que
« M. Viennet, qui voit que je n'en ai pas, court
« m'en chercher une au moment où je causais
« avec elle!... Juge!

« Vint ensuite l'éternel premier violon de
« l'Europe.... C'est là que je te regrettais.
« Madame D..., assise au milieu du salon,
« battait la mesure avec son corps, et, dans un
« moment de transport, joignant les mains en
« l'air et se tournant vers la société, poussa un
« *Ah!* si ravissant que tu en serais mort. Ses
« filles faisaient des soupirs à fendre tout en
« deux, surtout Adèle; Eugénie, posant ses
« deux poings sur ses joues et les tournant
« comme pour une vielle, montrait par ce geste
« que cela lui tirait les larmes des yeux. Elles
« étaient toutes folles. Papa en a pour toute sa
« vie, du violon, qui, une fois en train, ne pou-
« vait plus s'arrêter. Mais tout a une fin, heu-
« reusement.

« Dimanche, il y avait bal masqué chez les
« Nodier. C'était charmant. Jal était en soldat
« grec, si bien, si beau, que je ne l'ai pas re-
« connu, même quand il m'a adressé la parole.

« C'est comme ça que tu nous reviendras sûre-
« ment. Marie était en paysanne Louis XIII,
« Mélanie[1] en fiancée. Ce qui m'a le plus
« amusé, c'est un jeune homme en domestique
« à livrée et un simple soldat. J'avoue que je
« ne les avais pas crus déguisés.

« Maintenant, que je te dise que le père
« Larrey a été à la mort. Au moment où on lui
« posait des ventouses (tu te souviens qu'il m'a
« donné des leçons pour cette opération, et qu'il
« me trouve très-habile), sais-tu ce qu'il a
« dit? « — Qu'on aille chercher madame Chas-
« sériau! il n'y a qu'elle qui sache poser des
« ventouses. » Voilà le médecin et la famille
« croyant qu'il devenait fou. Me vois-tu opérer
« M. Larrey? Il va bien à présent.

« J'ai maintenant pour domestiques Joseph
« et sa femme. Il fait notre bonheur : l'autre
« jour, il me disait qu'il se trouvait si bien ici
« que, près de moi, il se croyait avec son père.
« Comme je lui fais faire un peu de tout, je
« prétendais devant lui que je le mettais à toute

---

[1] Depuis, madame Bixio.

« sauce : « — Ah ! madame peut bien me mettre
« à toutes les sauces qu'elle voudra ; elle me fera
« toujours plaisir. » Je lui ai donné ton habit
« bleu, ton vieux claque, pour qu'il s'en fasse
« un chapeau ; mais il aime mieux le garder
« comme il est, et juge de ma surprise quand,
« hier soir, il est venu me chercher chez Adèle
« avec ton claque sur la tête. J'ai cru que je
« mourrais de rire, tant il était drôle. C'est un
« excellent domestique, après tout.

« Je finis par une grande nouvelle. *Henri III*
« a été représenté avec un succès fou. Mon
« oncle Alexandre était furieux parce que, le
« jour de la première représentation, se pro-
« menant dans les couloirs avec Lemercier, des
« jeunes gens qui passaient près d'eux dirent
« en les montrant : « — Melpomène et Thalie
« enfoncées ! »

« J'espère que tu ne te plaindras pas de moi,
« et qu'avec tous ces détails tu pourras te
« croire au milieu de nous. En revanche, je te
« prie de m'en écrire autant. Soigne-toi bien,
« égaye-toi, et reviens vite nous faire des récits
« de ton expédition.

4.

« Tu verras en Morée la jolie Amélie Lenor-
« mant. J'ai passé la soirée chez madame Réca-
« mier; Amélie se fait un plaisir de te retrouver
« là. Adieu, je t'embrasse en amie sincère, en
« sœur tendre qui t'aime bien.

« Emma. »

Cette lettre fut la dernière que je reçus en France, car le commandant de la *Cybèle,* M. Robillard, nous fit savoir enfin que sa frégate était parée, et nous invita en même temps à la visiter. Ce fut une joie dans la commission, et nous nous empressâmes de nous rendre à bord, où le commandant nous reçut avec la politesse et la courtoisie habituelles des officiers de marine. C'était un homme d'une distinction parfaite, un homme de l'ancien régime enfin : c'est un éloge bien sincère que je fais ici, — à l'époque où nous vivons on pourrait s'y tromper.

Il nous fit voir les chambres que nous devions habiter. On avait établi dans la batterie des séparations en toile qui nous laissaient un espace assez grand, et, au milieu, une pièce de canon de 24 nous servait de table et de portemanteau. Partout cette propreté qu'on ne trouve nulle part aussi complète qu'à bord.

Le 10 février, enfin, le vent parut favorable. On nous annonça que la *Cybèle* mettrait à la voile le soir, et que nous pouvions nous embarquer dans la journée.

Notre installation se fit très-facilement, et je fus, moi particulièrement, charmé de trouver à bord, comme aspirant de première classe, mon camarade de collége Laffon de Ladébat, qui sortait de l'École polytechnique.

Nous venions de prendre possession de nos chambres, quand un mouvement régulier, suivi d'une secousse assez forte, nous fit supposer qu'on levait l'ancre, et nous montâmes tous sur le pont pour assister au spectacle. Rien de plus saisissant que de voir ces centaines d'hommes travailler sur les plus hauts mâts, soutenus par des fils imperceptibles, et que leur corps penché sur la vergue paraît seul maintenir en équilibre; rien de plus imposant que de voir tout à coup, sur l'ordre du commandant, tomber ces immenses toiles, que le vent gonfle au même instant, puis cette masse énorme se mouvoir et fendre la mer, qui monte en écume blanche à la hauteur du bastingage. Je restai là, cloué par l'étonnement et l'admiration, jusqu'au moment où la politesse me força d'être exact au premier dîner que la cloche venait de sonner.

J'allai rejoindre mes compagnons dans une pièce immense, de toute la largeur de la frégate. C'était la salle des officiers, avec lesquels on nous avait prévenus que nous prendrions nos repas. Nos trois chefs dînaient avec le commandant.

Le commencement du dîner, fort bien servi, se passa joyeusement. Nous avions fait depuis quelque temps la connaissance de nos officiers; mais peut-être leur gaieté, à eux, venait-elle de la scène qu'ils s'attendaient à voir. Le vent, à ce qu'il paraît, s'était élevé au sortir de la rade, et le vaisseau roulait assez fort. Le moment de la soupe se passa régulièrement; mais, tout à coup, silence profond. Le regard fixé sur un point dont rien au monde n'aurait pu les détacher, mes camarades pâlissaient à vue d'œil; on apercevait la sueur perlant sur leurs fronts. Un d'eux n'y tint plus, se leva précipitamment, et, dans sa fuite, se heurta aux poutres du plafond, fort peu élevé; mais rien ne l'arrêta. Un second le suivit; bientôt la déroute devint générale. Les officiers, qui dissimulaient mal leur envie de rire, avaient tous les yeux tournés de mon côté et attendaient..., mais en vain! Seul, je ne bougeai pas, dévorant ce que j'avais sur mon assiette, et la figure aussi calme, aussi joyeuse que si j'avais été à terre, assis à une bonne table. Tous les officiers, alors, remplissant leurs verres, se mirent à pousser trois *Hurrah!* et burent à la santé du jeune savant.

Après le dîner, je montai sur le pont, et je vis l'affreux spectacle de tous mes compagnons inanimés. Je leur donnai les soins les plus complets, sans qu'ils me témoignassent le moindre sentiment de reconnaissance. Tout se calma à la fin; chacun se retira ou fut porté dans son cadre... Le lendemain matin, nous nous réveillâmes encore en vue des îles d'Hyères. Une avarie, pendant le coup de vent, ayant exigé de longues réparations, le navire avait passé la nuit sur place.

Le commandant de la *Cybèle* nous avait gracieusement demandé, avant de partir, quelle route nous voulions suivre. Celle qui côtoyait l'Italie était la plus longue; mais elle fut choisie d'acclamation. Il est vrai que c'était à terre que cette proposition nous avait été faite; je crois que la majorité de la commission n'aurait pas hésité à choisir la plus courte après l'expérience d'une première nuit. — Le vent, en effet, cessa, et le calme le plus plat régna si longtemps, que notre traversée jusqu'à Navarin fut de vingt et un jours. Nous eûmes, par compensation, le loisir de voir et revoir les jolies îles qui bordent la côte de l'Italie. Le commandant me fit même apercevoir avec sa lunette le dôme de Saint-Pierre. C'étaient pour moi des impressions que ne paraissaient pas éprouver mes pauvres compagnons, presque toujours malades, souvent alités.

Edgar Quinet, surtout, eut le plus à souffrir de cet horrible mal; la position horizontale pouvait seule le soulager, et, comme il avait besoin de distraction, j'allai avec un vrai plaisir lui tenir compagnie. Je n'étais pas toujours à même de comprendre sa conversation, un peu trop métaphysique pour moi. Les termes de philosophie qu'il employait ne m'étaient pas familiers ; mais, à entendre sa parole si brillante, je ressentais le charme qu'on éprouve à écouter pour la première fois une belle symphonie sans en apprécier cependant toutes les beautés. Ce qu'il y avait de singulier, c'était le plaisir qu'il témoignait aussi à me faire causer. Les petits cancans de Paris, particulièrement les histoires d'amour, le ravissaient et lui faisaient presque oublier son mal.

Ce n'est pas la seule fois que j'aie remarqué que certains hommes austères et d'un talent sérieux ne se tenaient pas d'aise à ces petits récits, surtout lorsqu'ils étaient un peu scabreux. Très-éloignés eux-mêmes de toutes ces fadaises, ou par effet de tempérament, ou par suite d'une préoccupation constante de choses plus immatérielles, j'en ai connu plusieurs, et Edgar Quinet était de ce nombre, qui ne se lassaient pas d'entendre raconter toutes les petites intrigues du monde parisien. J'étais bien jeune encore ; mais déjà, et je ne sais comment, mon initiation était assez avancée pour que je pusse lui procurer quelques heures de vraie gaieté, dont il me fut tout à fait reconnaissant.

Cette longue traversée, cette vie d'une monotonie sans exemple avaient abattu tous mes compagnons. Je résistai plus longtemps qu'eux à l'ennui qui les avait gagnés. Étendu sur le pont, je regardais le beau ciel bleu, pensant à tant de choses qu'il m'arrivait de ne plus penser à rien. Le soir, c'étaient les étoiles qui fixaient mon attention; j'attrapais quelques bribes de la science astronomique par mes questions aux officiers ou aux vrais savants de l'expédition. Pourtant, un jour, l'impatience me prit comme les autres. Nous étions, non sans peine, parvenus à dépasser l'île de Monte-Cristo; mais, à notre désespoir général, le lendemain matin, Monte-Cristo se trouvait encore en face de nous : nous avions reculé pendant la nuit, les courants étant plus forts que le vent. Pendant le jour, nous pûmes, comme la veille, dépasser l'île; mais, le matin, j'eus un vrai dépit en entendant les gabiers qui réveillaient les matelots, et qui ont toujours, dans ce cas, des formules très-originales, crier dans l'entre-pont : « Allons, garçons, soulagez les z'hamacs… « Viens-t'en voir Monte-Cristo. » Je crus à une plaisanterie; ce n'était que trop vrai : Monte-Cristo était encore devant nous.

Ce supplice devait finir. Le vent se leva; le soir, nous dépassâmes l'île de Stromboli, et nous eûmes le temps d'admirer le curieux spectacle des éruptions intermittentes de son volcan. Les côtes de la Sicile nous apparurent bientôt. Nous entrions enfin dans le détroit de Messine.

Il est difficile d'imaginer, je crois, un plus magnifique spectacle : Messine à notre droite, dominée par l'Etna, que couronnait un immense nuage de fumée doré par le soleil couchant; et de l'autre côté, les montagnes de la Calabre, parsemées de petites villes, Reggio entre autres, qui nous semblaient autant de points lumineux sur le fond sombre de la côte. Ce fut comme un éblouissement pendant une heure que dura le passage du détroit. Le vent, qui avait paru se calmer pour nous laisser jouir de cette admirable vue, prit bien vite sa revanche; nous en avions désiré pendant quinze jours, nous en eûmes.

De gros nuages sombres, ou plutôt noirs, touchaient la mer à l'horizon, dont le cercle semblait se rétrécir de plus en plus autour de nous; d'énormes vagues venaient se briser contre la frégate et retombaient en écume sur le pont; penchée sur le côté, ses voiles basses dehors seulement, elle fendait la mer avec une effrayante rapidité. Je n'avais jamais vu chose pareille, et je ne pus m'empêcher de penser à Joseph Vernet, non que j'eusse la pensée de faire un croquis, mais parce que, dans l'impossibilité où j'étais de me tenir debout, l'idée me vint de me faire attacher au bastingage pour ne rien perdre de ce spectacle.

Ce coup de vent, qui ne cessa que le lendemain, nous transporta rapidement au but de notre voyage, et nous aperçûmes enfin les côtes de la Grèce; mais le commandant ne jugea pas prudent de s'aventurer la nuit dans la passe de Sphactérie, et il fit jeter l'ancre en face de la rade de Navarin.

CHAPITRE V.

En rade de Navarin. — La flotte française. — Installation en Grèce. — Lettre de ma sœur.

Le jour suivant, 3 mars, sur l'ordre du commandant, la frégate se remit en marche, toutes voiles dehors, par une brise à peine sensible et par un temps d'une pureté incomparable.

Aux premiers rayons du soleil, j'étais monté sur le pont, où j'avais trouvé l'équipage paré de ses plus beaux habits et tout plein d'entrain. Nous étions silencieux, mes compagnons et moi, et sous le coup, je le croirais assez, d'une émotion plus ou moins bien dissimulée. Comme à une première représentation, où l'on attend, le cou tendu, le regard fixe, le moment où le rideau va se lever, nous avions tous les yeux dirigés sur un seul point, sur ce rideau de vapeurs bleuâtres qui se levait devant nous, et qui, petit à petit, nous laissait apercevoir pour fond les montagnes de la Grèce.

Une ligne peu accidentée, d'où s'élevait une montagne conique que j'appris être le mont Pilaw, fut d'abord tout ce que je vis; mais les détails commencèrent à s'accentuer davantage. Je demandai à un officier quelle était cette tache jaune sur la côte grise. « C'est Navarin », me répondit-il. — « Navarin! mais où est la « rade? — On ne peut encore la voir; l'île de « Sphactérie, qui la ferme à l'ouest, paraît d'ici « se joindre à la terre. — Prenez ma lorgnette, « me dit M. Bory Saint-Vincent; vous verrez « des maisons. — Je vois mieux que cela, je « vois remuer des hommes. — C'est vrai, re- « prit-il un moment après; ce sont des Fran- « çais, je distingue leur uniforme; comme ils « accourent sur les remparts! »

Cependant nous approchions toujours. Je montai avec Delaunay sur une échelle de hauban, et j'aperçus enfin l'ouverture de la rade; à notre gauche, l'île de Sphactérie, avec ses grottes, dans lesquelles la mer se précipitait, pour ressortir en écume blanche ; à notre droite, la ville de Navarin, si l'on peut appeler ville une enceinte crénelée en ruine, quelques masures, dont les murailles à moitié détruites se confondaient par le ton avec le terrain d'une teinte d'ocre brûlée, et au milieu un minaret blanc se détachant sur le ciel bleu; et puis rien, pas un arbre, pas une trace de végétation, quelques êtres errant sur le bord de la mer! Et c'est là que nous allions vivre! J'avoue que j'eus un serrement de cœur, et sans doute il en fut de même de mes compagnons.

A trois heures et demie, le bruit d'un roulement de chaînes nous apprit que l'ancre était jetée.

La préoccupation, qui m'emportait par la pensée bien loin de ce qui se passait autour de moi, m'avait fait oublier que c'était — contraste bizarre — le jour du mardi gras que nous jetions l'ancre dans la rade de Navarin, en face de la Pylos du vieux Nestor! L'espèce de saturnales qui se préparait sous mes yeux me rappela à une assez triste réalité.

Le commandant avait autorisé ces mascarades, où la suie joue un grand rôle et remplace le masque. Les danses, les cris des matelots, un mannequin promené sur le pont, jugé, pendu à une vergue et jeté à la mer, me laissèrent assez froid; mon attention était plus vivement excitée par la vue de cette rade admirable, où cent[1] vaisseaux, de toutes grandeurs et de nations différentes, étaient immobiles sur leurs ancres; par le bruit de cette flotte immense, par le va-et-vient de ces barques qui se croisaient en tous sens, mais surtout par le spectacle tout nouveau pour moi qui termina d'une façon inattendue une si belle journée.

Le vaisseau *le Conquérant,* monté par l'amiral de Rigny, qui, l'année précédente, avait, à cette même place, anéanti les flottes turque et égyptienne, était signalé depuis quelques heures, quand tout à coup cette masse énorme déboucha de l'île de Sphactérie, qui la cachait à nos yeux, et s'avança majestueusement dans la passe. A ce moment, la frégate grecque *Hellas,* que commandait l'illustre Miaulis, salua

---

[1] Quelques jours après, du haut des ruines de Pylos, je comptai avec Delaunay cent quinze bâtiments, dont sept frégates et trois vaisseaux de ligne.

le vaisseau amiral de vingt coups de canon. Le *Conquérant* rendit le salut par un feu de tribord et de bâbord. Ces détonations effrayantes, que l'écho répétait dans les montagnes, cette forêt de mâts qui paraissaient et disparaissaient dans une épaisse fumée chassée par le vent, nous présentèrent l'image de ce qu'avait pu être la bataille de Navarin, et les vaisseaux turcs coulés, dont la carcasse se voyait au fond de la mer, ajoutaient encore à l'illusion.

Le vaisseau-amiral, continuant lentement sa marche, passa près de nous et jeta l'ancre, après avoir choisi une place convenable, à peu de distance de notre frégate. La fumée qui l'enveloppait encore ne laissait voir que le haut des mâts, où des centaines de matelots, le corps penché sur les vergues, et comme soutenus par des nuages, carguaient ses immenses voiles.

Toute cette journée laissa dans mon esprit un long souvenir d'une bien grande émotion. J'avais vingt ans, je quittais pour la première fois mon pays et les miens, et j'étais en Grèce !

A bord de la *Fleur de lys,* une des frégates

qui stationnaient dans la rade, se trouvait un de mes camarades de collége, Rigault de Genouilly, dont la carrière depuis fut si brillante. En apprenant que, Laffon de Ladébat et moi, nous étions sur la *Cybèle,* il s'empressa de venir nous serrer la main, et nous conduisit visiter la *Fleur de lys,* où il était, je crois, aspirant, et dont il nous fit les honneurs. Cette frégate était commandée par un homme que je ne fis qu'entrevoir alors, mais que je devais retrouver vingt ans après, dans ma famille, intimement lié avec le second mari de ma sœur, Guyet-Desfontaines, et son collègue à la Chambre des députés. C'était l'amiral Lalande, qui m'apprit un jour, à table, qu'il commandait à cette époque la *Fleur de lys,* et qui se rappela parfaitement l'arrivée des *savants* à Navarin. On sait quelle grande et honorable réputation ce charmant homme a laissée dans la marine.

Le lendemain de notre arrivée, nous descendîmes à terre, où m'attendait le plus affreux spectacle que j'aie vu de ma vie. Au milieu de quelques baraques de bois construites sur le rivage, en dehors de la ville, dont il ne restait que des ruines, circulaient, hâves et déguenillés, des hommes, des femmes, des enfants, qui n'avaient plus rien d'humain dans les traits : les uns sans nez, d'autres sans oreilles, tous plus ou moins couverts de cicatrices ; mais ce qui nous émut au dernier point, ce fut un petit enfant de quatre ou cinq ans que son frère conduisait par la main ; je m'approchai : il avait les yeux crevés. Les Turcs et les Égyptiens n'avaient épargné personne dans cette guerre.

La vue de cet enfant nous fit à tous une telle impression, et je fus, moi, si frappé de tout ce que j'avais devant les yeux, que je désirai m'éloigner et gagner la campagne, où j'espérais au moins respirer plus librement. Je ne m'attendais pas à ce que j'allais voir encore. Dans un ravin que nous suivions, des malheureux s'étaient creusé de chaque côté des espèces de grottes, ou bien ils avaient profité de cavernes naturelles qui se trouvaient dans le rocher pour en faire leur habitation. Des haillons séchaient en dehors ; au fond, un peu de feu faisait cuire dans une affreuse marmite des herbes sauvages, entre autres d'énormes chardons, qu'on me dit être leur seule nourriture. Il me tardait d'être sorti de ce ravin, quand mon attention fut attirée par des soupirs, ou plutôt des râles. Je regarde, et vois une vieille femme étendue et agonisante; à l'entrée de la grotte, une jeune fille filant sa maigre quenouille et jetant de temps en temps un œil indifférent du côté de la mourante. Je détournai la vue, ou plutôt je l'élevai au-dessus de ce triste spectacle : par un contraste étrange, sur le ciel d'un bleu intense, se détachaient les fleurs les plus charmantes, des anémones roses et fraîches, des asphodèles et des liserons, qui retombaient en lumière sur le fond obscur de la grotte. Je marchai rapidement, sans oser adresser la parole à mes compagnons, et je crus sortir d'un mauvais rêve en me retrouvant sur un gazon couvert de pâquerettes et près d'un ruisseau bordé de lauriers-roses en fleur. Nous pûmes alors nous faire part de nos impressions bien tristes; mais je dissimulai, moi, un profond découragement, que je trouvais inutile d'avouer. Le sort en était jeté : je ne pouvais plus reculer.

Le retour à la frégate fut moins lugubre, notre œil s'habituant à toutes les horreurs; je dois ajouter que la vue des soldats français qui circulaient sur la plage, et qui paraissaient heureux de nous voir, nous rendit courage. On pouvait donc vivre là, puisqu'ils y étaient depuis longtemps, et qu'ils n'avaient rien perdu de leur entrain habituel.

Deux jours après notre arrivée, M. Dubois, qui était allé à Modon s'occuper de notre installation, revint et nous annonça que nous resterions à bord jusqu'à ce qu'on nous eût bâti trois maisons. « On les a commencées devant « moi, ajouta-t-il, et elles seront terminées di- « manche. » Cela donnait l'idée d'une construction assez simple; c'étaient, en effet, des maisons faites avec des pierres superposées, sans aucun ciment, et que fort peu de chose aurait suffi pour faire écrouler. Mes compagnons ne prirent pas cela aussi gaiement que moi, qui ne vis que le côté plaisant des choses.

Heureusement, ces difficultés de logement furent levées, et, à notre arrivée à Modon, nous apprîmes qu'on nous avait découvert une maison, sans portes ni fenêtres, il est vrai, mais composée de plusieurs chambres, dont les plafonds sculptés en chêne étaient de la plus grande richesse. Ces ornementations et ces sculptures n'empêchaient pas la pluie de passer souvent d'une manière fort désagréable; mais il n'y avait pas à se plaindre : nous étions tous logés à la même enseigne, et le chef d'état-major, le brave et excellent général Durrieu, fut obligé, chez lui, de changer cinq ou six fois son lit de place, pour éviter les averses.

Ce qu'il y avait d'assez pénible pour nous, c'était la perspective de passer probablement un mois dans des habitations si peu confortables, la saison des pluies ne touchant à sa fin que vers le milieu du mois d'avril. La société charmante de plusieurs officiers, et quelques fêtes assez curieuses données par les soldats, nous firent prendre patience. Toute cette existence était si nouvelle et si bizarre pour moi, qu'à part quelques moments de préoccupation un peu tristes, j'attendis sans trop de peine notre départ. Un jour, entre autres, j'eus beaucoup de peine à garder mon sérieux devant la scène qui se passa chez M. Blouet, où nous étions réunis. Un Grec entre et remet à M. Dubois une lettre contenant ce peu de mots :

« A MM. les membres de la commission scien-
« tifique en Morée, offre amicale du préfet. »

Nous nous regardions tous, étonnés et cherchant l'offre, quand le Grec fit un signe, et nous vîmes entrer trois grands gaillards, armés d'yatagans et de pistolets, et portant chacun sur l'épaule... un mouton ! C'était assez antique, mais bien gênant dans une chambre. Nos refus, mêlés de remercîments, ne purent rien faire; il nous fallut garder ces animaux, et, comme nous ne pouvions pas les mener paître, ils passèrent probablement à la cuisine.

Je reçus, quelque temps après mon arrivée à Modon, cette lettre de ma sœur en réponse aux récits de notre séjour dans cette ville. Elle y fait allusion à plusieurs histoires que je lui avais racontées.

« Paris, 10 mai 1829.

« Je ne puis te dire, mon cher, mon bon
« frère, combien tes lettres nous ont fait plaisir.

« Elles sont très-amusantes, et puis j'y ai vu
« que tu étais gai, bien portant et plein d'es-
« pérance.

« Ta première lettre à notre père, où tu lui
« traces ton itinéraire et où tu lui peins votre
« effroi en mettant le pied sur la terre classique,
« a été lue par notre tante Lise. Jamais je ne
« rirai autant. D'abord, elle n'a pu déchiffrer
« aucun de tes noms étrangers; puis, quand tu
« as parlé des figures peu humaines des Grecs :
« — Oh! le pauvre garçon! s'est-elle écriée, où
« est-il allé se fourrer? Ce sont des sauvages! il
« va être mangé par des bêtes féroces! » Rien
« n'est changé; elle a dit tout cela sérieuse-
« ment. Pour Modon, elle a lu Meudon : ce qui
« a fait sa joie de savoir que la Grèce possède
« aussi Meudon. Je l'ai laissée dans cette douce
« persuasion.

« Quant à ta seconde lettre, datée de Modon,
« elle a couru tout Paris, elle a été lue dans
« tous les salons, et ce qu'il y a de mieux, c'est
« que M. Jal en a fait une d'après la tienne,
« qui a été insérée dans le *Figaro*, puis dans le
« *Voleur* : l'homme incombustible, le théâtre

« d'Ibrahim et les moutons ont fait fortune.
« A propos, que sont devenus ces tendres
« agneaux? Nouvel Apollon, les mènes-tu paî-
« tre? Quelle bonne histoire! Tu sauras qu'à
« présent ce n'est plus trois moutons que vous
« avez reçus, mais un troupeau entier.

« Sturler m'a écrit sans me donner aucun dé-
« tail sur ce qui lui est arrivé. Il est à Florence,
« poste restante.

« L'excellente madame D... va bientôt re-
« tourner à Tours; en la perdant, je vais perdre
« beaucoup. Est-ce qu'elle ne veut pas me faire
« épouser un prince! Me vois-tu princesse? Ma
« foi! cela m'amuserait. Delphine Gay aussi
« veut me marier à M. É. de G... Elle me le
« vante, elle m'en parle et reparle : si bien
« qu'il vient chez moi, que je reçois son jour-
« nal, et tous les livres qui paraissent.

« A propos de livres, ton Victor Hugo a fait
« un *Dernier Jour d'un condamné* qui est bien la
« plus effrayante chose qu'on puisse lire. C'est,
« pendant tout un volume, la peinture des
« sensations d'un condamné à mort, jusqu'au
« moment où il monte sur l'échafaud. Tu con-

« çois que cela manque de gaieté. La littérature
« est dans l'atroce jusqu'au cou. On donne
« à la Porte Saint-Martin *Sept Heures ou Char-*
« *lotte Corday*. J'ai vu cela. Effroyable! Encore
« la place de Grève! *Antoine* aux Nouveautés;
« c'est aussi de la guillotine, mitigée. *La Tour*
« *d'Auvergne* à Franconi, autre genre de ter-
« reur. Pour le bouquet, on vous fait assister
« à un véritable enterrement; rien ne vous est
« épargné : le corbillard, les chevaux couverts
« de drap noir parsemé de larmes, la bière
« qu'on enlève et qu'on met dans la fosse; tous
« les soldats l'arme baissée et le crêpe au bras;
« enfin, mon ami, c'est si ressemblant pour
« ceux qui ont perdu des êtres chéris, que j'ai
« été obligée de sortir : j'étais vraiment étouf-
« fée. Tu vois que, pour peu qu'on ait de l'âme
« et du cœur, on ne peut plus aller au spectacle.

« …J'ai maintenant le mari et la femme
« comme domestiques. Joseph fait toujours
« notre joie. Avant d'annoncer, il demande à
« mes visiteurs : « De quelle part? » ce qui les
« étonne passablement.

« L'amour des voyages gagne la famille.

« Mon oncle Alexandre emmène à Bade ma
« tante et Malvina[1]. Madame Clément[2] est
« à Rouen, toi en Grèce; moi, je vais aller en
« Angleterre : nous ne nous battrons pas. On
« doit donner ces jours-ci le *Complot de fa-*
« *mille.*

« Mardi 12 mai.

« Tu vois que j'ai été interrompue. Je reçois
« à l'instant une lettre de toi; mais elle n'est
« pas assez longue. J'ai beaucoup ri des leçons
« de chant que tu m'as trouvées à Modon.
« Maintenant, je te demanderai un mari, puis-
« que tu me trouves tant de bonnes choses en
« Grèce, mais un mari français, bien aimable,
« bien riche, bien spirituel, bien bon, bien
« fait, qui comprenne toutes mes folies, et qui
« m'aime surtout!...

« Ah çà, messieurs de la Commission scien-
« tifique, quand commencerez-vous à travail-
« ler? Il me semble que vous ne faites pas
« grand'chose... Moi, j'ai fait couler ton petit

[1] Madame Mazois.
[2] Fille aînée d'Alexandre Duval et grand'mère de Henri Regnault.

« plâtre en bronze; la ressemblance est la
« même; mais tu as un peu l'air d'avoir été
« trouvé dans une des fouilles que tu vas faire;
« tu pourras même dire que tu t'es trouvé toi-
« même. Voltreck a fait aussi le buste de
« M. Bentabole, en surprise à sa femme; on
« n'avait pas pu tout à fait lui en faire mystère,
« mais elle croyait à un petit buste à mettre
« sur la cheminée : juge de son état quand
« elle a vu à l'atelier Voltreck un buste gros
« comme celui du Roi sur la porte du Musée;
« elle a manqué de se trouver mal. Elle ne sait
« où le mettre, son appartement est trop petit.
« Elle est désolée.

« Ce soir, mardi, on donne la pièce de mon
« oncle. Je désire bien vivement qu'elle réus-
« sisse. Ziégler va partir pour voir l'Exposition
« de Londres. Il ne veut de réponse de toi que
« quand tu seras à Olympie. Moi, j'en voudrais
« une de Paris.

« Mercredi 13.

« Le *Complot de famille* a réussi. Pends-toi,
« brave Crillon! Pas un murmure. Souvent

« trois ou quatre salves d'applaudissements. Le
« parterre (dénué de claqueurs) a écouté, jugé
« et applaudi avec discernement. Il ne man-
« quait que toi. A un autre jour l'opinion des
« journaux. Je veux que cette lettre parte. Je
« te quitte. Ce ne sera pas sans t'accabler de
« tendres amitiés et de compliments de tous
« ceux que tu connais. Adieu, mon bon et
« cher frère.

« Emma. »

CHAPITRE VI.

Les capitaines d'état-major Pélissier et de Viterne. — Dîner chez le maréchal Maison. — Le colonel Fabvier, ses aides de camp Mollière et Desmaisons. — Arrivée du président Capo d'Istria à Modon.

Dès notre arrivée à Modon, nous avions fait la connaissance de deux officiers qui levèrent bien des difficultés pour notre installation et furent une agréable société pendant notre séjour. Tous deux étaient capitaines d'état-major et aides de camp du général Durrieu. L'un s'appelait Pélissier, l'autre de Viterne.

Je me liai tout de suite avec ces deux aimables hommes, et je crus voir qu'ils trouvaient plusieurs de mes compagnons trop savants ou trop guindés, tandis que je leur apportais, moi, un parfum de Paris et du monde qui les faisait sortir de l'isolement où ils se trouvaient.

M. de Viterne, doux, affable, était un contraste frappant avec son camarade. Pélissier. Celui-ci, petit, trapu, cheveux noirs, moustache courte et plus noire encore, paraissait déjà n'y pas aller, comme on dit, par quatre chemins. Ce qui dominait en lui, c'était l'esprit gouailleur; tout le monde y passait. Il vous répondait le plus souvent en contrefaisant votre accent, en imitant vos gestes; — on devait le craindre. Depuis cette époque, que d'histoires vraies ou fausses ont couru sur son compte! Je ne donnerai que mon impression toute personnelle : je la crois vraie. Pélissier, comme les gens qui ont un fond de timidité et qui affectent, pour le dissimuler, une apparence de roideur et d'aplomb, cachait sous une enveloppe dure, cruelle, si l'on veut, un cœur affectueux, et même tendre. Il y avait de plus en lui un côté poétique très-élevé. Est-ce le métier militaire qui l'obligeait à refouler en lui-même des sentiments dont ses lettres porteront le témoignage répété?

Je le vis un jour manifester un vif désappointement et se livrer à un accès de colère des plus comiques, lorsqu'il connut officieusement les décrets relatifs à l'avancement dans l'armée d'occupation. Le général Maison, commandant en chef de l'expédition, était fait maréchal de France; le général de brigade Durrieu était nommé général de division, le colonel Trézel général de brigade; de Viterne était promu au grade de chef de bataillon, et Pélissier... Oh! qu'il m'en dit un jour que nous allions nous promener aux environs de Modon! Que de jurons de toute espèce, et, au milieu de cela, que de charges impossibles à raconter, et qui finissaient par nous faire tous deux éclater de rire!... Pélissier était nommé... chevalier de Saint-Louis! Il fallut pourtant se soumettre et accepter de bonne grâce cette faveur, qui le contentait médiocrement.

Lorsque je le vis, quelques jours après, sur la place de Modon, recevoir devant la troupe les insignes de l'ordre, il me parut plein de sang-froid et de dignité. C'était, du reste, une cérémonie très-imposante. Le maréchal parut, ayant à sa suite tous les officiers supérieurs promus à des grades plus élevés, et qui s'étaient, je me le rappelle, passé mutuellement leurs épaulettes. La distribution des croix aux officiers et aux soldats commença, après quelques manœuvres commandées par le maréchal Maison. Ce qui m'intéressa vivement à ce moment, ce fut de voir Pélissier s'avancer vers son chef, poser un genou en terre, et, après avoir été touché sur les deux épaules par l'épée du maréchal, recevoir l'accolade et reprendre sa place d'un air très-fier et très-noble.

Le soir, la commission fut invitée à dîner chez le maréchal. Pendant ce dîner, qui fut brillant et excellent, la musique militaire exécutait les plus jolis morceaux de Rossini et d'Auber. Ces airs, qui réveillaient en moi tant de souvenirs, me firent oublier un moment que j'étais bien loin de Paris, que j'étais en Grèce ! Mais je ne tardai pas à être rappelé à la réalité : un Grec vêtu d'un costume si riche que je le pris pour un invité, s'approcha de moi, et je m'écartais déjà pour lui faire place, quand il changea mon assiette. Tout étonné, je fis signe à mon voisin, en indiquant ce brillant palikare. — « C'est le domestique de lord Byron,

« me répondit-on, maintenant au service du « maréchal. » Je l'examinai longtemps, et j'eus même de la peine à détacher les yeux de ce personnage, que le grand nom de son premier maître rendait intéressant.

La soirée fut charmante, gaie, et toute parisienne.

Comme le quartier général se trouvait à Modon, c'était le point de réunion de tout ce que la Grèce avait d'illustre; aussi la variété et le nombre des allants et venants furent un motif de grandes distractions pour nous, les affaires administratives et le mauvais temps nous obligeant à séjourner en cet endroit. — Qu'est devenu aujourd'hui ce Modon, qui alors était un peu plus qu'un village, beaucoup moins qu'une ville? J'en ai conservé un souvenir charmant. La vue que j'avais de ma fenêtre était bien simple : une ligne presque horizontale de toits plats, à briques arrondies et d'un ton doré, coupée en un point par un minaret blanc, le seul qui subsistât, l'autre mosquée ayant été remplacée par une église, et c'était tout; mais ce petit ensemble avait une couleur orientale qui faisait penser aux tableaux de Decamps, et qui me ravissait.

Sur une grande place, la seule qu'il y eût, s'ouvrait la porte d'entrée, de construction vénitienne; et près de là on voyait l'habitation d'Ibrahim, où de petites fenêtres, fermées par des treillages d'un bois foncé, indiquaient le harem.

Cette ville a-t-elle été construite sur l'emplacement de l'ancienne Méthone? Je ne me chargerai certes pas de résoudre la question; mais ce que je puis dire, c'est que j'allai, avec M. Dubois, visiter l'endroit où quelques savants prétendaient qu'existait la ville antique, et il nous fut impossible de trouver aucune trace de constructions helléniques, si ce n'est, plus loin, dans un torrent, des fragments de mosaïque et quelques morceaux de vases antiques.

On le voit, il n'y avait pas à espérer une bien belle récolte dans un endroit pareil, et nous ne faisions pas grand'chose, comme le remarquait ma sœur; aussi saisissions-nous avec empressement toutes les distractions qui se présentaient. L'arrivée du colonel Fabvier fut donc pour nous un sujet de bien vive curiosité. Il était accompagné de deux jeunes gens, ses aides de camp. J'ai vu peu d'hommes aussi élégants, aussi beaux, et de caractères aussi différents, que M. de Mollière et M. Desmaisons : celui-ci, blond, d'une figure douce et aimable; l'autre, brun, noirci par le soleil; tous deux ayant donné déjà des preuves nombreuses d'une bravoure chevaleresque. Le beau costume de palikare ajoutait encore à leur élégance.

Fabvier même, que j'ai revu depuis en simple habit noir à Paris, gagnait au costume grec, et il avait beaucoup à faire, car sa tête n'était rien moins que belle; mais, vêtu ainsi, sa tournure massive et commune disparaissait un peu, et le turban lui donnait une certaine physionomie. J'avais pour lui une lettre, qui me fit accueillir de la meilleure grâce, et je le rencontrai souvent chez les aides de camp du maréchal, qui habitaient l'ancien harem d'Ibrahim.

C'était là que nous allions le plus souvent passer nos soirées, et il eût été difficile de trouver un cercle plus agréablement composé. On parlait souvent arts et littérature. Pélissier se plaisait à m'exciter, ce qui n'était pas difficile, étant dans toute la ferveur du romantisme, et il me lançait contre Fabvier, qui, lui, avait horreur de Victor Hugo. On peut juger de l'ardeur de ces discussions; je savais à peu près par cœur tous les vers que Victor Hugo avait publiés : je les citais, et l'on m'applaudissait, mais quelques-uns ironiquement, entre autres Fabvier, qui se montrait inébranlable, et que toute mon éloquence ne put convaincre. Pélissier était un de ceux qui s'amusaient le plus de mon enthousiasme; mais je n'ai jamais pu savoir au fond ce qu'il en pensait.

Un autre événement qui fit une grande sensation, et devint le sujet des conversations de toute la ville, fut l'arrivée du président Capo d'Istria. Le jour annoncé, toutes les maisons s'ornèrent en un instant de branches de myrte et de laurier-rose en fleur. J'ai rarement joui d'un plus ravissant coup d'œil.

Par une belle matinée et par un ciel comme on n'en voit que dans cet admirable pays, nous

nous rendîmes sur la place, pour assister à l'entrée. Vingt et un coups de canon annoncèrent que le président était en vue, et, presque au même instant, Capo d'Istria déboucha de la porte de la ville. Il monta au galop la pente qui mène jusqu'au milieu de la place, suivi d'un état-major d'hommes déjà illustres, parmi lesquels on me fit remarquer Nikitas, Makriani, Callergi.

Ces costumes si pittoresques, ces fustanelles blanches que le vent soulevait, ces turbans, ces vestes de toutes couleurs brodées d'or et brillant au soleil, ces petits chevaux qui me rappelaient ceux de Phidias, et dont le harnachement était aussi riche que le costume de ceux qui les montaient, nous donnèrent, pendant quelques minutes, un spectacle vraiment éblouissant.

Capo d'Istria se détachait au milieu de cette masse éclatante par un costume simple de nos pays, habit noir coupé comme du temps de la République, ceinture bleu et blanc, le grand cordon de la Légion d'honneur, et, pour coiffure, un chapeau à trois cornes de forme basse.

Le maréchal fit quelques pas en avant et descendit de cheval en même temps que le président, qui vint lui serrer la main. Fabvier et les autorités de la ville accompagnaient le maréchal.

Le lendemain, nous eûmes une audience du président. Je pus alors l'examiner à mon aise. Haut de taille, le corps plutôt maigre, les cheveux blancs, il y avait dans sa tournure et dans la façon gracieuse avec laquelle il nous reçut tout ce qui constitue l'homme du monde le plus distingué. Il nous parla longuement de ses projets d'amélioration. L'enseignement mutuel paraissait le préoccuper vivement; il espérait en tirer des hommes qu'il enverrait compléter leur éducation à l'étranger. Il appuya beaucoup sur ce que la justice seule, et non la faveur, devait décider de pareils choix. Je vis qu'il évitait d'entamer la question des antiquités que l'on pourrait trouver. Pressé par M. Dubois, qui voulait savoir à quoi s'en tenir, il finit par proposer un échange contre des livres. Cependant rien ne fut définitivement arrêté, et nous prîmes congé de lui sans avoir pu lire dans sa pensée.

CHAPITRE VII.

Départ de Modon. — Coron. — Visite à une famille grecque.
— Lettre de Pélissier. — Petalidi. — Nisi. — Androussa.
— Messène. — M. Charles Lenormant. — Couvent de
moines près de l'Ithôme.

Le temps était devenu superbe; rien ne nous retenait plus à Modon. Il n'y avait qu'à terminer les préparatifs de cette excursion dans un pays abandonné, où nous ne devions que bien rarement trouver un gîte possible. Deux soldats du génie furent mis à notre disposition. Nous avions un cuisinier, des guides, des tentes, tout ce qui constitue une caravane.

Quelques impatients s'étaient déjà séparés de nous, et, de notre section, Trézel et moi, nous restâmes seuls fidèles au poste.

Vietty, le sculpteur helléniste, avait abandonné la section d'architecture, à laquelle il était attaché. Muni de fort peu de bagages, —

je ne sais même pas s'il en avait, — mais avec une gourde d'eau-de-vie pendue à son côté, il était parti seul à pied, allant devant lui. Comptait-il enseigner la langue d'Homère aux Grecs modernes? Peut-être, car on nous raconta plus tard que, voulant entrer de force dans une ville fermée, il avait adressé en grec à la sentinelle un discours si peu compris, surtout avec la prononciation française, que, pour en finir, on l'avait conduit au poste. Toujours est-il qu'il nous quitta, et que je ne l'ai jamais revu. On m'a donné sur son existence depuis ce voyage et sur sa mort des détails fort tristes, qui n'entreraient pas dans le cadre de ces *Souvenirs*.

Edgar Quinet, lui, qui se souciait peu d'avoir un chef et de collaborer à un ouvrage (avait-il déjà l'intention d'en publier un tout seul?), signifia à M. Dubois qu'on n'eût pas à compter sur lui, et qu'il allait partir de son côté. Il n'y avait aucun moyen de l'en empêcher. Un matin, une espèce d'émeute me fit descendre dans la rue; sur la question que je fis à un soldat : « — C'est un savant qui s'en
« va, me répondit-il, et tout le monde va le

« voir. » Je trouvai sur la place Pélissier et de Viterne riant comme des fous, et je compris en effet leur gaieté quand je vis l'équipage d'Edgar Quinet. — Monté sur un âne que cachait en partie son immense houppelande, il était coiffé d'un énorme chapeau de paille de femme, dont les bords, relevés par le vent, laissaient voir un ruban de soie rose noué sous le cou et flottant sur sa poitrine. Des deux côtés de la selle étaient attachés des espèces de paniers remplis de livres ; derrière, le guide et un cheval chargé du reste des bagages. Il passa ainsi au milieu de la foule, sans s'apercevoir de l'effet qu'il produisait, et sans se douter qu'il allait être un thème prolongé pour les conversations et les lazzi des officiers.

Notre départ, à nous, fut plus digne. Montés sur des petits chevaux vifs et fringants, suivis de nos soldats et de mulets portant les tentes et les bagages, nous adressâmes nos adieux à tous les aimables hommes qui nous avaient si bien accueillis.

Pélissier nous fit une assez longue conduite ; mais nous ne pûmes le décider à venir jusqu'à l'endroit où nous devions faire halte pour déjeuner. Je ne devais plus le voir avant son départ pour la France, et je le priai d'aller donner de mes nouvelles à mon père : il le fit, et l'on trouvera à sa date la lettre qu'il m'écrivit à ce sujet.

La route que nous suivions était charmante; notre premier déjeuner sur l'herbe fut très-animé, et nous pûmes juger avec quel talent notre cuisinier Giorgi savait tirer parti de ses provisions.

Vers quatre heures, nous arrivâmes à Coron, et, après avoir visité dans cette ville, si agréablement située, les habitations que l'on s'empressait de nous offrir, nous décidâmes d'un commun accord qu'un campement serait préférable et nous éviterait les désagréments d'une foule d'insectes plus acharnés les uns que les autres contre les pauvres humains. Vain espoir! Les mulots et les scorpions qui grimpaient entre les deux toiles de notre tente me firent regretter des animaux plus nombreux, mais moins inquiétants.

M. Dubois choisit la place de notre campement. Il trouva une grande opposition dans les deux soldats du génie, qui lui firent observer que l'emplacement n'était peut-être pas bien favorable, à cause de la grande quantité d'herbes assez hautes qui le couvraient; mais M. Dubois y mit un peu d'entêtement et voulut sans doute établir, du premier jour, son autorité. Trézel était trop bon et trop doux, moi trop jeune, pour faire une objection. On obéit; mais, quand nous voulûmes entrer dans notre tente pour dîner, nous fûmes suffoqués par l'odeur violente des thyms et des menthes, que la chaleur avait développée.

M. Dubois devint silencieux, donna l'ordre de couper ras les herbes, et l'on nous servit à dîner dehors. Malheureusement, comme nous étions campés sur une espèce de falaise, nos lumières, qui nous éclairaient faiblement, furent éteintes d'un seul coup par une rafale venant de la mer.

M. Dubois ne prenait pas la chose gaiement. Je dissimulais, ainsi que Trézel, une forte envie de rire; mais, quand nous voulûmes rentrer sous nos tentes pour nous coucher, l'odeur de toutes les herbes, rendue encore plus âcre par la coupe qu'elles venaient de subir, nous fit craindre une asphyxie complète, et, pour comble d'ennuis, M. Dubois s'aperçut qu'il avait oublié une partie de ses effets. De fort mauvaise humeur, il donna l'ordre à Giorgi de prendre un mulet et de retourner les chercher à Modon. Enfin, tout paraissait fini; Trézel et moi, nous nous étions jetés tout habillés sur nos lits, en ayant soin de laisser la tente entrouverte; nous allions nous endormir, quand un craquement se fit entendre, et nous vîmes, à la lueur de la dernière bougie encore allumée, M. Dubois étendu par terre sur son matelas, le lit de sangle en morceaux autour de lui. Il n'avait pas eu la précaution, que sa forte corpulence aurait dû lui faire prendre, d'essayer le meuble avant de s'en servir. Nous nous précipitâmes à son secours; il n'avait heureusement aucun mal, et, sans dire mot, il s'arrangea commodément sur les débris de sa couchette. Nous regagnâmes nos lits, Trézel et moi, et bientôt un profond sommeil nous fit oublier à tous trois les tribulations d'un premier jour de voyage.

Le lendemain, un jeune Grec vint nous rendre visite dans notre tente. Il offrit de nous faire voir la ville, et nous acceptâmes avec le plus grand plaisir.

Il m'est resté peu de souvenirs de Coron, dont la position seule me parut charmante; mais ce qui m'intéressa vivement, ce fut de pénétrer pour la première fois dans l'intérieur d'une famille grecque. Ce jeune homme, M. Bourna (je retrouve son nom dans mes notes), nous conduisit fort courtoisement chez lui. Introduits dans une salle assez vaste, mais peu éclairée, qui n'avait pour tout mobilier qu'un divan posé tout autour, j'aperçus au bout d'un instant cinq ou six jeunes filles qui s'étaient levées à notre entrée, et une femme d'un certain âge, leur mère, qui vint au-devant de nous et nous fit prendre place sur le divan. Un moment après, le père, vieillard à cheveux blancs, entra et nous accueillit de la façon la plus hospitalière.

J'examinai avec curiosité le costume très-simple, mais pittoresque, des femmes grecques, que je voyais pour la première fois. La mère était revêtue d'une grande redingote de couleur changeante et bordée de fourrures. Les jeunes filles portaient une petite jupe de guingan ; une veste ouverte laissait voir en transparence, sous une étoffe de mousseline, les seins, séparés par un ruban noir qui, après avoir fait le tour du cou, allait sans doute se nouer sous la veste. Rien de plus gracieux et de plus chaste en même temps, quoique la description en puisse paraître assez étrange. Je n'ai pas besoin d'ajouter qu'à l'âge de ces jeunes filles, l'effet du costume ne laissait rien à désirer. Leurs cheveux étaient simplement tressés sur la tête, et un fez rouge, placé en arrière, donnait un petit air crâne et charmant à leur physionomie. Au bout de quelques instants, on nous apporta le café et les pipes; puis on nous fit visiter, avant notre départ, plusieurs chambres de la maison. Une surtout nous parut vraiment belle et curieuse, avec son plafond en chêne richement sculpté et doré, et, comme dans toutes les habitations que j'ai pu visiter depuis, les murs peints en blanc et complétement nus. Je dois avouer que, pour nos yeux, ce contraste était assez choquant. Mais ce qui me fit oublier toutes les dorures et tous les plafonds que je venais de voir, ce fut le coup d'œil merveilleux que nous eûmes de la mer et de la chaîne du Taygète. Placés sur une longue galerie à arceaux où nous avaient conduits nos hôtes, c'était vraiment un admirable spectacle, le dernier de ce genre que je vis avant d'entrer dans l'intérieur des terres.

Nous revînmes aux tentes, enchantés de notre visite. Giorgi, de retour de Modon, nous attendait avec les effets oubliés par M. Dubois, et il me remit une lettre de Pélissier en réponse à celle que je lui avais envoyée par ce même courrier.

Voici cette lettre :

« Huit heures et quart.

« Mon cher Amaury, je passais mon habit du
« dimanche lorsque celui dont vous prononcez
« le nom avec une pureté et une douceur si
« remarquables m'a remis votre billet; bien
« que je vous plaigne de tout mon cœur de
« vous trouver au milieu d'hôtes aussi nom-

« breux qu'incommodes, je vous ai lu avec
« autant de plaisir que de facilité.

« Grâce à l'envoi que je vous fais, l'heureux
« caractère de votre patron retrouvera ce soir
« toute sa gaieté, et vous sentirez, sans doute,
« que, sous le beau ciel de la Grèce, à la vue
« d'un aussi beau golfe que celui qui roule ses
« flots à vos pieds, le bivac a bien ses dou-
« ceurs, et mieux, son agrément.

« Je sens tout le prix d'un déjeuner sur
« l'herbe; je suis très-sensible au regret que
« celui d'hier a fait naître en vous..... Je le
« regrette moi-même bien vivement, mais moins
« pour le déjeuner en lui-même, sur une jolie
« pelouse ou sur le bord de quelque torrent
« pittoresque, que pour les convives qui m'au-
« raient fait asseoir à leurs côtés. Mais que
« faire? Vous en ferez bien d'autres dont je ne
« pourrai pas prendre ma part.

« Si le maréchal avait été assez aimable pour
« convier son chef d'état-major[1] à son voyage,
« chose fort naturelle d'ailleurs, j'aurais pu

---

[1] Le général Durrieu, dont Pélissier était aide de camp.

« penser à vous rencontrer; mais, *immobile*,
« à Modon, j'y rencontrerai l'ennui plus que
« toute autre chose. C'est enfin demain que Son
« Excellence se met en mouvement; de tout
« ce qui a pu me revenir de son itinéraire pro-
« jeté, M. le maréchal, lesté d'un bon déjeuner,
« ira coucher sur le plateau de Khoumbey;
« mardi, il déjeunera à son premier bivac à
« Petalidi, sur les bords de la Djané, et ira
« coucher à Nisi. Il laisse Messène aux *gobe-*
« *mouches*, va coucher le troisième jour à Léon-
« dari, jeudi à Tripolitza, vendredi dans Argos,
« et, samedi, il entrera à Nauplie, où, de son
« côté, doit arriver le président.

« Si vous partez de Coron après-demain
« matin, vous pourriez vous croiser avec Son
« Excellence à Petalidi, ou au moins la rejoin-
« dre à Nisi, si vous prenez cette direction soit
« pour Messène, soit pour Calamata.

« Je pense que vous me lirez, mon cher
« Amaury, aussi facilement que je vous ai lu
« moi-même, quoique je me presse un peu pour
« ne pas faire attendre Giorgi, qui est allé
« charger le mulet, qui déjeune au faubourg.

« Adieu ; cherchez dans vos travaux une
« agréable distraction à la prédisposition mélan-
« colique que vous me semblez avoir. Lorsque
« vous aurez fait quelques pas encore en Morée,
« vous serez enchanté d'avoir à la parcourir.
« Je voudrais bien être de temps en temps un
« des trois portraits ébauchés que vous avez
« de moi : je vous guiderais avec plaisir dans
« tous les lieux que j'ai parcourus.

« Adieu, mon ami, car j'espère devenir le
« vôtre ; pensez quelquefois à moi : il se passera
« peu de jours que je ne cherche à savoir quels
« lieux vous visitez avec votre digne patron.

« Tout à vous cordialement.

« A. Pélissier.

« *P. S.* — Mollière et M. Puget vont coucher
« demain à Nisi. Si vous allez dans cette ville,
« et que vous rencontriez de Villiers et d'Haut-
« poul, jeunes officiers d'état-major qui sont à
« lever le cours du Pamisus, faites-leur mes
« amitiés ; ce sont deux charmants camarades,
« qui vous feront bon accueil, j'en suis persuadé.

« A. »

Le lendemain matin du jour où je reçus cette lettre, nous nous remettions en route pour Messène. Le chemin que nous suivions ressemblait beaucoup plus à une allée de jardin anglais qu'aux voies des pays civilisés. A chaque instant, nous traversions de petits ruisseaux, sur lesquels les myrtes et les lauriers-roses formaient un berceau, et, quand notre caravane s'arrêtait pour déjeuner, c'était presque toujours sous quelque immense platane, dont les racines plongeaient à découvert dans le ruisseau et produisaient, en obstruant le courant, de ces petites cascades que l'on cherche souvent à imiter dans nos parcs, sans pouvoir y réussir.

Du port de Petalidi, où nous nous arrêtâmes, il ne restait qu'une maison et un monastère abandonné, rempli de peintures byzantines. J'étais destiné à ne voir que des ruines dans ce pays, ruines antiques qui évoquaient du moins des souvenirs élevés et poétiques, ruines modernes qui ne rappelaient qu'une guerre récente et terrible.

Le lendemain, après avoir passé près de Nisi, nous arrivâmes à Androussa, ville entièrement détruite, et notre campement fut établi hors de la ville. Les ruines, couvertes de verdure et de fleurs, présentaient un coup d'œil triste et charmant à la fois. Nous étions embaumés par l'odeur des orangers en fleur et des rosiers qui poussaient librement dans les petits jardins abandonnés.

La dernière étape me parut bien longue, dans l'impatience où j'étais d'arriver à Messène. Ce nom, les souvenirs qui se rattachaient à cette ville, les ruines que j'allais voir et dont on m'avait vanté la beauté, faisaient naître dans mon esprit une foule de pensées; mais je ne pouvais m'attendre à l'étonnement qui me saisit quand je me trouvai en face de murailles presque intactes, de blocs de pierre immenses, merveilleusement taillés et placés sans ciment l'un sur l'autre. Quel art dans cette simplicité primitive! Je restai stupéfait. — De distance en distance, une tour ajoutait au caractère pittoresque, en rompant la ligne uniforme du mur, qui suivait les mouvements du terrain et disparaissait par moments, pour reparaître au haut d'une colline. Si l'on veut se figurer, au milieu de cette enceinte, et parmi des blocs de marbre et des fûts de colonnes, une végétation dans toute sa beauté, des arbres de toute sorte poussant librement, des oliviers, des myrtes, des lentisques; dans une partie plus creuse, et qui conservait la forme d'un cirque, un champ de blé; enfin, un petit village, Mavromati, composé de quelques masures et adossé au mont Ithôme, — on aura à peu près l'idée de ce qui restait de la création d'Épaminondas.

Une chose me frappa, seulement à la réflexion; c'est la petitesse du théâtre où se passèrent ces drames de géants. — Que la poésie a de puissance, ou que les hommes sont faciles à tromper! Je venais de lire Pausanias : la guerre interminable des Messéniens et des Lacédémoniens me semblait n'avoir pu se passer qu'entre deux puissantes nations voisines, dont le territoire très-étendu, la population très-dense justifiaient ces batailles rangées, ces siéges plus longs que celui de Troie; et je ne voyais, en réalité, qu'un espace où deux cantons de nos départements français eussent pu se disputer pour une question de clocher! Mais, s'il y eut étonnement de ma part, il n'y eut pas désenchantement; la tradition fut plus forte, et mon admiration ne se trouva pas amoindrie.

M. Blouet était installé depuis quelques jours, avec ses collègues, dans une maison de paysans de Mavromati, et il nous fit les honneurs de ces ruines, dont je ne parlerai pas au point de vue scientifique : l'ouvrage sur la Morée qui fut le résultat de cette expédition en dit plus et mieux de ses travaux que je ne pourrais le faire; mais je nommerai un savant dont je fis, avec grand plaisir, la connaissance à Messène. M. Charles Lenormant avait reçu en Égypte, où il se trouvait lorsque la commission fut formée, sa nomination de membre d'une section, de la section archéologique naturellement. Il vint nous rejoindre en Grèce; mais il apprit qu'il se trouvait sous les ordres de M. Dubois, ou du moins qu'il allait de pair avec lui, et il ne crut pas devoir accepter cette position auprès de son subordonné du Louvre. Il fit donc le voyage en amateur, et je fus charmé de le voir arriver un jour à Messène, accompagné du colonel Bory Saint-Vincent. La connaissance ne fut pas longue à se faire. Il avait épousé une charmante jeune fille, la nièce de madame Récamier, que j'avais vue, étant tout enfant, à Montrouge, pendant une saison qu'elle y passa, avec sa tante, dans la maison de mon père. Ces souvenirs mirent vite un lien entre nous. J'en profitai pour tâcher d'acquérir de lui quelques notions d'une science où il était déjà passé maître. Le temps me manqua, je veux le croire, car j'ai bien peu profité de cette occasion. Ce qu'il y a de certain, c'est que sa conversation m'intéressait vivement; mais j'avais peine à découvrir sur sa figure charmante et douce rien de ce qu'on s'imagine trouver dans un futur membre de l'Académie des inscriptions[1].

Je me souviens d'une promenade que je fis avec lui sur le mont Ithôme, où il me fit reconnaître l'acropole antique. Une petite chapelle se trouvait là; mais la porte en était fermée, et nous le regrettions, car elle nous paraissait devoir être intéressante. Un de nos sapeurs, qui nous accompagnait, ne fut pas longtemps à

---

[1] Ce fut M. Lenormant qui, dix ans plus tard, remplaça mon père dans cette classe de l'Institut.

nous tirer d'embarras : en un coup de main, la porte fut enfoncée, et nous trouvâmes en effet des peintures fort curieuses sur des sujets de l'Ancien et du Nouveau Testament. Un autel antique servait de baptistère; mais ce qui m'intéressa surtout, ce furent les fresques, auxquelles mon œil n'était point encore fait, et que, depuis, Cimabué et Giotto m'apprirent à admirer. Un saint Demetri me parut remarquable de pose et de mouvement, et, en général, ces peintures, comme ton et comme modelé, me firent penser aux ouvrages de M. Ingres, qui n'avait pas encore perdu, à mes yeux, le côté primitif qu'on lui a tant reproché dans ses débuts.

En descendant du sommet de l'Ithôme, nous allâmes visiter un couvent qui se trouvait à mi-côte.

Avant d'entrer, j'aperçus auprès de la porte, encastrés dans la muraille, ou plutôt servant de pierre de construction, deux pieds de statue en marbre, que je signalai à M. Lenormant. Ils nous paraissaient très-beaux; mais, placés un peu haut, nous ne pouvions les apprécier sûrement. Je grimpai, je ne sais comment, sur le mur, et je pus m'en approcher assez pour constater leur très-réelle beauté. Je laissai voir trop vivement sans doute mon impression, car, plus tard, lorsque nous offrîmes aux moines de les acheter, leurs prétentions nous parurent exagérées ; ils mirent en avant la difficulté de les retirer de là, de les remplacer, et nous n'insistâmes pas. La crainte d'ajouter à nos bagages une charge assez lourde, au début de notre campagne, fut pour beaucoup, je crois, dans cette décision, que j'ai toujours vivement regrettée.

Les moines officiaient, et, ne trouvant personne pour nous guider, nous prîmes le parti d'entrer un peu comme chez nous. Allant à l'aventure, nous arrivâmes devant une porte, sur laquelle une inscription attira nos regards. On lisait :

ΜΝΗΜΗ ΘΑΝΑΘΟΥ ΚΡΗΣΙΜΕΥΕ ΤΩ ΒΙΩ.

Ma première idée fut que c'était dans cette salle qu'on déposait les morts, et, avant d'entrer, je pris, ainsi que M. Lenormant, la précaution de me placer mon mouchoir sur la bouche... Quel fut notre étonnement de découvrir, au lieu de cadavres, des provisions de toutes sortes, des outres de vin, enfin tout ce qui constitue un ordinaire fort doux! Je n'ai pas besoin de dire qu'une découverte de ce genre nous parut beaucoup plus agréable, et que nous fûmes assez longtemps à rire de l'aventure.

Enfin, des chants religieux nous attirèrent, du côté de la chapelle, où nous attendait un spectacle pittoresque, et même imposant. Les moines officiaient. Tous tenaient à la main un cierge, dont la lueur répandait sur leur visage et sur leur longue barbe une teinte jaunâtre. Les profils se détachaient en lumière sur une étoffe bleu et or tendue dans le fond de la chapelle, et le soleil, qui baissait à ce moment, éclairait encore de quelques rayons le haut de la voûte et les peintures, de même style que celles que nous venions de voir. C'était un tableau tout fait pour Granet; je n'en gardai, moi, que le souvenir, mais il m'est resté longtemps devant les yeux.

Nous avions fait part à nos compagnons de cette petite excursion, et il fut décidé qu'on irait déjeuner le lendemain auprès du couvent.

Nous étions à peine installés sous un magnifique platane, que plusieurs moines vinrent très-gaiement se joindre à nous, en apportant du vin et quelques excellentes provisions qui nous manquaient. Deux d'entre eux seulement acceptèrent notre invitation et prirent part au déjeuner. Un jeu qui paraissait les amuser beaucoup, et qu'ils nous apprirent, consistait à frapper un œuf rouge contre l'œuf que tenait le voisin, et l'œuf qui résistait indiquait quel était le bon chrétien des deux joueurs. Ce jeu, un peu naïf, contrastait avec la tournure, le costume et les figures à longue barbe des moines. Ils nous firent les honneurs de leur monastère, et, pendant cette visite, l'un d'eux, qui savait quelques mots de français, nous dit qu'ils ne passaient pas un jour sans adresser au ciel des prières pour les Français qui les avaient délivrés d'Ibrahim. Je constate cette reconnaissance. Le cas est assez rare.

Nous prîmes congé de ces bons moines, et je ne pus m'empêcher, en les quittant, de jeter encore un regard sur les beaux pieds de marbre que je ne devais plus revoir.

CHAPITRE VIII.

Départ de Messène. — Arcadia. — L'Alphée. — Pyrgos. — Visite au préfet. — Arrivée à Olympie.

Le lendemain, nous quittions Messène, et notre première halte se fit sur le bord du Pamisus. Ces noms poétiques, harmonieux, produisaient toujours sur moi un effet certain, et je contemplai longtemps un petit ruisseau, auquel, en tout autre lieu, et s'il eût porté un autre nom, je n'aurais accordé qu'un regard distrait.

M. Dubois me chargea, pendant que nous étions dans les environs, d'aller visiter Melagala. Je ne trouvai à la place qu'un village à moitié détruit, et ne vis de curieux que d'immenses cactus qui l'entouraient comme un mur, et qui me firent penser en souriant aux plantes élevées dans de petits pots, et avec tant de soin, par notre jardinier.

Ce jour-là, nous campâmes au khan de Koela. Le lendemain, après avoir traversé une belle forêt de chênes et passé plusieurs ponts, dont un, triangulaire, très-curieux, avait une base de construction hellénique, nous arrivâmes, après six heures de marche, à la ville d'Arcadia. Notre campement, on ne peut mieux choisi, nous offrit une vue charmante de cette ville, bâtie en amphithéâtre, et dont l'acropole, défendue par trois murailles, se détachait, en un beau ton doré, sur le ciel bleu.

D'Arcadia, nous nous dirigeâmes vers Agolinitza, en côtoyant presque toujours la mer. Près du fort Clidi, que nous avions à notre droite, j'aperçus sur la hauteur une tour qui me parut cyclopéenne. J'y montai avec Trézel, qui en fit un dessin pendant que j'allais reconnaître les lieux. J'y vis les traces d'une grande enceinte de ville, les soubassements de plusieurs temples et de tours à moitié détruites, que nous prîmes pour les restes de Phigalé[1]. Agolinitza, comme toutes les villes que nous

---

[1] M. Boblaye, membre de la commission, reconnut depuis Samicum dans ces ruines.

traversions, était bâtie en terre et n'offrait que peu d'intérêt. La seule chose qui nous frappa, c'est que pas un habitant ne couchait chez lui. L'immense quantité de moustiques rendait les maisons inhabitables, et c'était un curieux spectacle que toutes ces petites tentes où la population se réfugiait pour passer la nuit, probablement avec des précautions que nous n'eûmes pas la pensée de prendre, car il nous fallut, jusqu'au jour, soutenir une lutte acharnée contre les insectes, qui furent les plus forts.

On nous annonça, le jour suivant, que nous approchions de l'Alphée. Quel nom encore, et quels souvenirs! mais aussi quelle désillusion! D'un bord à l'autre, je n'aperçois que de vastes bancs de sable entourés de flaques d'eau, et, au milieu, un courant assez rapide, mais fort étroit, et navigable seulement pour des bateaux petits et plats. A l'époque des grandes eaux, l'Alphée doit avoir l'aspect d'un vrai fleuve : au moment où nous étions là, il suffisait de quelques minutes pour le traverser sur le dos des guides.

Deux heures après, nous entrions dans Pyrgos.

Nous ne fîmes que traverser cette ville; mais on ne pouvait se dispenser de faire une visite au *préfet* de l'Élide, dans le *département* duquel nous allions résider et faire des fouilles. *Préfet, département,* quel singulier assemblage de mots à deux pas d'Olympie et du temple de Jupiter!

J'ai gardé un souvenir assez amusant de cette visite à la première autorité de l'endroit. Le préfet parlait français, ce qui rendit plus facile sa réception, tout aimable d'ailleurs, et sa femme nous fit les honneurs de la maison d'une façon fort gracieuse et avec un très-grand air. Elle n'était plus jeune, mais avait conservé les traces d'une beauté remarquable, et ses grands yeux, un peu peints, brillaient sous des sourcils admirablement dessinés. Le costume national ajoutait à l'élégance de sa tournure. Après les échanges de politesse, on apporta sur des plateaux force verres d'eau et confitures. La maîtresse de la maison se leva et vint en offrir à chacun de nous. Elle puisait dans un bocal avec une cuiller qu'elle remplissait et nous présentait; la domestique placée près d'elle nous avançait alors un grand verre d'eau, un peu comme lorsqu'il s'agit de faire avaler une médecine. Ma maladresse, au moment où la préfète était devant moi, eut un succès plaisant. La cuiller qu'elle me présentait étant trop pleine, je vis le moment où la confiture allait tomber; d'un mouvement machinal et très-prompt, j'avançai la tête, et la préfète, trouvant ma bouche à portée, y fourra la cuiller en éclatant de rire. Je ne m'y attendais pas, j'avais la bouche pleine, j'étouffais : aussi le verre d'eau me fut fort utile, en ce qu'il me permit de reprendre haleine; je pus alors me mêler aux rires de la société.

Pendant que nous étions chez le préfet, quelques jeunes gens très-élégants vinrent lui rendre visite. C'était la première fois que je voyais en Grèce un intérieur du monde officiel. Je fus frappé de la différence de politesse qui existait entre cette société et la nôtre. Les femmes y remplissaient plus ou moins un rôle subalterne; les hommes paraissaient peu se soucier de leur présence, causaient constamment entre eux, et même s'occupaient, à mon grand étonnement, des détails de leur costume, tâtaient l'étoffe de leur foustanelle, en faisaient ressortir la finesse et le moelleux. Cela a-t-il changé? je le suppose et je l'espère.

Si j'avais eu hâte d'arriver à Messène, mon désir était bien plus vif encore de voir cette plaine d'Olympie où nous devions nous installer pour faire des fouilles, ce qui enfin était le vrai but de notre voyage. M. Dubois, que son âge rendait plus calme, et peut-être moins curieux, nous fit faire entre Pyrgos et Olympie une station inutile. Si sa pensée était de reconnaître l'emplacement d'Héraclée, elle ne fut pas heureuse, car, Trézel et moi, envoyés à la découverte, après avoir remonté le cours de la petite rivière Linitza jusqu'à Lantzoi, qui n'est pas sur la carte, nous ne pûmes apercevoir le moindre vestige de ruines, et cette petite excursion ne nous procura que le plaisir de traverser un défilé où d'immenses pins, poussant au milieu des rochers, produisaient des lignes très-accidentées et fort belles.

A notre retour au campement, nous trouvâmes deux étrangers à cheval, auxquels M. Dubois offrait gracieusement de partager notre déjeuner. En voyant des figues et du fromage, ils refusèrent assez vivement; mais je dois ajouter que, lorsque Giorgi se prépara à mettre un gigot à la broche, leur figure prit tout à coup une autre expression : ils descendirent de cheval en un clin d'œil, et, sans même chercher un prétexte à ce brusque changement, ils vinrent, souriants, prendre part à notre repas. L'intention de M. Dubois était évidemment de tirer de ces voyageurs quelques renseignements sur la route que nous avions à prendre, sur les ruines qui se trouvaient à Olympie. Ils en arrivaient en effet; bientôt il resta convaincu que ce n'était pas à deux savants qu'il avait affaire, mais tout simplement à deux commis voyageurs que le côté commercial rendait absolument froids pour tout ce qu'ils trouvaient en ruine ou inhabité. Nous en fûmes pour notre hospitalité.

Le dimanche 1er mai, après trois heures de marche, M. Dubois reconnut enfin la plaine d'Olympie!

CHAPITRE IX.

Installation à Olympie. — Emplacement du temple de Jupiter. — Commencement des fouilles. — Arrivée de M. Blouet. — Découvertes de sculptures. — De Gournay et moi, nous retournons à Modon. — Lettres de Pélissier.

Ce fut une ruine romaine, que M. Dubois avait vue gravée dans l'ouvrage de Dodwel, qui lui permit de constater avec certitude que nous étions sur l'emplacement d'Olympie. Sans cette indication, il eût été difficile de retrouver, dans un endroit où pas un village, pas une habitation ne pouvaient servir de point de repère, la place d'une des villes les plus renommées de l'antiquité. Çà et là, quelques ruines, ou plutôt quelques débris de ruines, dans une large vallée bornée d'un côté par une colline peu élevée, le mont Saturne, de l'autre par une chaîne de montagnes d'une silhouette assez froide. Au milieu, le fameux Alphée, dont, seul, un filet d'eau dessinait à cette époque le cours sinueux. Voilà, tel que je le vis, le théâtre de tant de fêtes et de jeux si célèbres qu'ils devinrent pour presque toute la Grèce une ère nouvelle sous le nom d'*olympiades*. — Je m'en tiendrai à ces quelques mots pour toute description; il faut peu d'années pour dénaturer entièrement l'aspect d'un site, et les textes de Pausanias, de Strabon, de Pouqueville, ne nous auraient pas été aussi utiles que le petit bout de mur en briques dessiné dans un livre.

Avant de chercher un emplacement pour notre campement, une curiosité bien naturelle nous fit circuler à l'aventure. Quelques Grecs qui labouraient leur champ, ayant comme toujours le pistolet et le yatagan à la ceinture, s'offrirent pour nous guider. M. Dubois, croyant déjà s'y reconnaître assez, voulut se passer de leur aide, et le hasard fit que, moi, qui étais loin d'avoir cette prétention, j'arrivai le premier sur l'emplacement du temple que mes collègues constatèrent, plus tard, être celui de Jupiter Olympien. Voici comment.

Un Grec, que M. Dubois avait repoussé, s'attacha à moi, et, probablement en vue du pourboire, voulut me conduire à un endroit que sa pantomime me faisait supposer devoir être très-curieux. « Allez-y, si vous voulez, me « dit M. Dubois; mais il va vous mener à quel- « que ruine romaine sans intérêt. » Je suivis donc mon guide jusque dans une partie de la plaine presque inabordable, couverte d'arbustes, d'herbes, de pierres énormes, mais sans forme, et qui sortaient de terre à égale distance. Cet amas confus de matériaux de toutes sortes me parut cependant mériter l'attention. Je rejoignis M. Dubois, que je trouvai dépité de n'avoir rencontré que des ruines peu intéressantes, fort mal conservées, et rien qui parût devoir amener quelque découverte. Mon récit le fit réfléchir : il se dirigea, avec Trézel et moi, vers le lieu que je venais de voir, et décida sur-le-champ que les fouilles seraient commencées là.

Notre séjour à Olympie devant durer au moins plusieurs semaines, l'installation fut faite avec plus de soin qu'à l'ordinaire. Les tentes furent élevées sur un petit monticule, à quelques centaines de pas du lieu où l'on allait commencer les fouilles. Couvert de pins, avec une pente très-douce pour y arriver, cet endroit était des mieux choisis, et c'est près de nous, sur le même plateau, que vint s'établir, quelques jours après, la section d'architecture. Notre cuisinier Giorgi avait creusé sur la partie un peu inclinée du monticule des trous qui figuraient assez bien le fourneau d'une cuisine, et il nous accommodait là une nourriture un peu monotone, mais saine, et surtout simple : nous passions sans relâche du mouton au poulet, et du poulet au mouton; le bouilli et le bouillon que produisait cette dernière viande offraient à la vue un aspect blanchâtre qui n'avait rien d'engageant, mais auquel nous finîmes par nous habituer. Le vin était plus difficile à supporter : c'était un mélange où le raisin n'entrait pour rien, et où dominait la pomme de pin. Aussi, que de fois j'entendis M. Dubois pousser un soupir en pensant au petit vin ordinaire de sa cave !

La toile de nos tentes était en double, comme

toutes les tentes des officiers, je crois. Nous étions ainsi à l'abri des fortes pluies et du brouillard, qui, le matin, à la suite de nuits très-froides, se fondait en eau sans pouvoir traverser le tissu. Ce qu'il y avait de bien désagréable, c'était de voir courir au-dessus de nos têtes, entre les deux toiles, des silhouettes d'insectes et d'animaux de toute espèce; les scorpions surtout me préoccupaient, et la quantité en était considérable; mais l'intérêt des travaux qu'on exécutait tous les jours sous mes yeux, et le bonheur de me trouver dans un pareil pays, me firent supporter sans peine tous ces petits inconvénients.

Les quelques hommes que nous avions amenés, et ceux qui furent avertis qu'on leur offrait du travail, formèrent une troupe assez considérable d'ouvriers, qui furent placés sous les ordres de nos deux soldats du génie. Cette troupe s'augmenta encore à l'arrivée de M. Blouet et forma un total de plus d'une centaine d'ouvriers. Le lendemain de notre arrivée, les travaux commencèrent.

J'allais donc assister à des fouilles; et quelles

fouilles, et dans quel lieu ! De toutes les chasses, de toutes les pêches les mieux organisées, en est-il une qui puisse se comparer à cette pêche ou à cette chasse aux chefs-d'œuvre, dont le butin est quelquefois la Vénus de Milo, un fragment de Phidias, et toujours, au moins, une découverte curieuse pour l'histoire ou pour l'art ? Ce plaisir, dont bien peu de gens peuvent avoir une idée, deviendrait vite une passion, s'il n'était pas aussi difficile de s'y livrer. J'ai pu en jouir, j'ai pu assister pendant des journées entières à ces recherches si curieuses, et jamais il ne m'a été donné de voir un spectacle rempli d'un plus vif intérêt. Les premiers coups de pioche résonnant au choc d'un morceau de marbre ou de bronze vous retentissent jusqu'au fond du cœur. On est là, retenant sa respiration, craignant une maladresse, et prêt à arrêter la main qui semble mal dirigée. Enfin apparaît un fragment qui, tout mutilé, vous laisse cependant reconnaître les traits d'une Minerve ou d'un Hercule ; et, lorsque, poursuivant cette veine, on retrouve d'autres fragments qui paraissent se rattacher à la première découverte, je ne crois pas qu'il puisse exister de plus complète et plus vive émotion en ce genre. C'est dans cet état perpétuel de recherches, d'espoir, d'attente, que je passai six semaines à Olympie.

Les fouilles furent commencées sur l'emplacement où j'avais été conduit par mon Grec. On fit dégager de chaque côté une construction qui paraissait être un mur, pour reconnaître dans quelle direction les travaux devaient être poussés. A deux mètres de profondeur, on mit à découvert un pavage fort riche, en marbres de différentes espèces, mais assemblés avec un goût assez médiocre. M. Blouet en fut très-surpris, quand il arriva quelques jours après. Ce pavé indiquant de quel côté se trouvait l'intérieur du temple, il était dès lors facile de s'orienter. Comme nous ne pouvions avoir la prétention, dans le peu de temps que la saison nous laisserait, de déblayer entièrement le terrain, nous devions nous borner à des tranchées, mais les faire avec assez de connaissance des choses de l'antiquité pour constater d'une manière évidente si nous étions bien sur le temple de Jupiter Olympien, qui, jusque-là, n'avait pas été retrouvé[1].

M. Blouet, avec sa science des monuments antiques, fut d'un grand secours dans ces recherches. Quelques preuves matérielles vinrent tout de suite lever les doutes. Pausanias indique comme sujet des métopes du temple les travaux d'Hercule, et les premiers fragments de sculptures que l'on découvrit furent deux têtes d'Hercule, un torse d'homme combattant un taureau, et un lion (celui de Némée, probablement) étendu mort, et sur lequel s'appuyait un pied. Les probabilités augmentaient; bientôt ce fut une certitude, comme on le verra plus loin.

Les énormes pierres que j'avais remarquées le premier jour, et dont une partie seulement sortait de terre, furent déblayées avec soin, et l'on put y reconnaître alors des assises de colonnes dont le diamètre était de six pieds et les cannelures à la base de plus d'un pied. Je ne sais pas le nom scientifique de la pierre dont

---

[1] Pouqueville le plaçait sur les bords de l'Alphée, et donnait le nom de temple de Diane à celui que nous déblayions.

8.

elles étaient formées : c'était une espèce de *tuf* entièrement composé de petits coquillages, tellement agrégés qu'ils formaient une seule masse compacte. J'admirai comment, à défaut de marbre probablement, l'architecte avait choisi une matière si favorable pour y appliquer le stuc dont nous vîmes encore des fragments adhérents.

Une des grandes émotions de nos fouilles fut la découverte que l'on fit d'une figure entière assise sur un rocher, et qu'une espèce d'égide, collée sur la poitrine, fit supposer devoir être une Minerve[1]. M. Bory Saint-Vincent, dans la relation de son voyage, n'y trouve que la représentation d'une *jeune bergère rêvant à son berger*. Je laisse aux érudits le soin de décider si un sujet de ce genre pouvait avoir trouvé sa place dans le temple de Jupiter Olympien. Cette statue (il serait mieux de dire ce haut relief) fut trouvée dans un état parfait de conservation; le nez même était intact, ce qui est si rare. Le malheur voulut qu'après être ainsi sortie de

---

[1] Cette statue est au Louvre, ainsi que les autres fragments que nous avons découverts.

terre, elle fut mutilée par accident, ou plutôt, comme on eut tout lieu de le croire, par la vengeance d'un ouvrier qui, renvoyé pour sa paresse, fit probablement ce mauvais coup avant de partir. Je me souviens de notre désespoir quand, Trézel et moi, nous aperçûmes, au moment de la dessiner, cette mutilation fraîchement faite, à n'en pas douter. Nos recherches autour de la statue et dans les fouilles furent bien inutiles, car il avait suffi de jeter le morceau au loin dans les herbes pour qu'il fût impossible de le retrouver.

Les fragments de statues que l'on découvrit dans nos fouilles furent pour moi le sujet d'un assez grand étonnement. Encore au début de mes études, je n'avais eu sous les yeux que les marbres que tout le monde connaît : les Vénus, les Gladiateur, les Diane du Louvre, les plâtres des chefs-d'œuvre antiques répandus un peu partout; et rien dans nos découvertes ne présentait la moindre analogie avec cet art. La simplicité d'exécution était si grande dans les têtes d'Hercule et dans les torses trouvés par nous, qu'au premier abord ils ne me parurent pas achevés. La barbe et les cheveux, par exemple, n'étaient indiqués que par une masse, sans aucune espèce de détails. Je ne sais à quelle époque se rapporte ce genre d'exécution; je n'en ai pas vu d'autre exemple. Dans les sculptures d'Égine, qui sont, je crois, antérieures à celles-ci, la finesse des détails est poussée à un point excessif et se joint à une certaine roideur dans les mouvements. Ici, au contraire, le torse d'Hercule combattant le taureau représentait le mouvement vigoureux et souple de la nature. De si habiles artistes devaient avoir un but. Je crus le découvrir un jour qu'en allant dessiner une de ces têtes, je la vis à distance, éclairée par le soleil : l'aspect en était complétement changé; la barbe et les cheveux avaient pris une légèreté, une transparence que n'aurait pu mieux rendre l'exécution la plus minutieuse. Les auteurs de ces sculptures ne s'é-'aient-ils pas arrêtés au point où leur œuvre, placée en plein air et recevant des reflets de tous côtés, produisait l'effet voulu? — Je le crus alors. — Plus tard, après avoir réfléchi et observé avec attention, je me suis rangé à l'opinion des érudits qui croient pouvoir affirmer que, dans les belles époques de l'art, les sculptures, les temples mêmes étaient polychromes. Malgré la résistance encore assez grande de quelques artistes, ce fait paraît acquis à la science, et, sans m'arrêter aux preuves matérielles qui en ont été données, une pensée seule a suffi pour me convaincre : c'est que les Grecs, pour lesquels le marbre n'avait pas plus de prix et d'intérêt que n'en ont pour nous les pierres des environs de Paris, devaient sentir le besoin de l'embellir, de l'orner par des tons que leur climat protégeait[1]. Dans ce cas, il serait plus facile encore d'expliquer l'absence des détails dans les fragments trouvés à Olympie, et de supposer que ces détails étaient ajoutés après coup par la peinture. Je soumets humblement mon opinion aux érudits qui pourront, bien mieux que moi, résoudre cette question. J'ignore si M. Raoul Rochette a traité ce point-là dans son rapport sur les travaux de la com-

[1] Je lisais ces jours-ci, dans un journal, que les Allemands, qui continuent les fouilles de ce temple, avaient trouvé des traces évidentes de peintures sur des statues. Faut-il croire à une nouvelle si intéressante ?

mission, et ne connais que de réputation les savantes études de M. Olivier Rayet sur Olympie.

Nos fouilles se continuaient avec assez de succès. M. Blouet venait de donner l'ordre de faire une tranchée dans la direction du lieu où se trouvait jadis la statue de Phidias; il en attendait avec anxiété le résultat, qui devait être décisif, quand une obligation à laquelle je ne pouvais me soustraire me força de quitter les travaux pour quelques jours, dans le moment le plus intéressant. Le nombre considérable d'ouvriers que l'on employait avait absorbé assez vite la somme mise à la disposition de M. Dubois, somme insuffisante pour l'importance des fouilles. Nous commencions à manquer d'argent, et je fus chargé, avec mon camarade de Gournay, d'aller en chercher à Modon, où était toujours le quartier général.

Avant de partir, j'assistai à une scène assez plaisante qu'amena précisément le payement des ouvriers. On leur donnait vingt sous par jour; mais, la plus grande partie de la somme que l'on avait apportée ne se composant que de pièces de deux francs, ce payement avait lieu tous les deux jours, et nos soldats du génie en étaient chargés. Comme tous les Français en campagne, ces deux hommes témoignaient une impatience très-vive et un étonnement plus grand encore lorsqu'ils n'étaient pas compris des naturels; volontiers, ils se fussent écriés, comme cet autre soldat en pays étranger : « Comment, sacrebleu ! voilà quinze jours « que nous sommes ici, et vous ne savez pas « encore le français ! » Aussi employaient-ils, pour échanger leurs idées, force gestes et quelques mots attrapés de droite et de gauche, qui ne constituaient pas un langage très-clair pour nos ouvriers. Un d'eux, engagé le matin même, et qui ignorait l'arrangement pris avec les autres, réclama le soir le prix de sa journée. Sur un signe négatif, qu'il ne comprit pas, il revint à la charge; notre soldat, réunissant tout ce qu'il savait de langues étrangères, lui répondit assez doucement : « *Avpio* (demain), *pagat; aujourd'hui, niente moneta.* » A ce langage, le Grec, ahuri, le regarda d'un air hébété. Furieux de ne pas se faire entendre, le soldat devint rouge, et tirant tout à coup une pièce de cinq francs de sa poche et la lui mettant sous le nez : « Eh bien! alors, animal, as-tu la « monnaie de cent sous à me donner? » Nous assistions à cette scène : on juge de nos rires, auxquels prit part le Grec lui-même, sans trop savoir pourquoi. Giorgi fut appelé et termina l'affaire.

Nous étions prêts, de Gournay et moi; notre guide et nos chevaux attendaient, et nous avions déjà serré la main à nos camarades, quand un exprès me remit cette lettre de Pélissier, que Delaunay, de passage à Pyrgos, avait été chargé de me faire parvenir. La voici, avec la suscription qui me fit sourire :

« *A Monsieur Amaury Duval, sur les ruines d'Olympie.*

« *Ubi vel ubi.*

« Modon, 17 mai 1829.

« Mon cher Amaury, j'ai reçu de vos nou-
« velles avec grand plaisir. Je regrette infini-
« ment de ne pas avoir été du voyage du

« général Durrieu ; mais tout cela a tenu à des
« combinaisons tellement sottes que je ne vous
« le raconterai qu'à Paris, car j'en ai mainte-
« nant trop d'humeur, surtout depuis qu'on est
« allé partout ou presque partout où je le dési-
« rais, et ce que d'abord on ne voulait pas.
« J'en suis pour mon temple de Bassa, que je
« m'en irai sans connaître.

« Mardi, nous embarquons, et probablement
« le lendemain nous serons sous voiles. C'est
« toujours à Malte que nous faisons notre qua-
« rantaine.

« Soyez persuadé de l'exactitude que je
« mettrai à aller m'acquitter de vos commis-
« sions et donner de vos nouvelles. Santé par-
« faite, gaieté, mais vif désir de prompt retour,
« tel sera mon texte.

« Dites mille choses aimables à votre patron
« et à votre collègue Trézel. Le pauvre général
« Durrieu a encore eu la fièvre ; il est mieux
« aujourd'hui. Le général Trézel est parfaite-
« ment bien.

« En faisant une fouille à Égine, on a décou-
« vert une citerne dans laquelle est crayonné

« au charbon un dessin dont je vous envoie une
« rapide copie, et que l'on croit antique; il est
« un peu érotique... Ce n'est pas ma faute[1].

« A. Pélissier,
« 7, boulevard Saint-Antoine, Paris.

« *P. S.* — Mon ami Alexandre, du 58°, se
« fait une fête de vous recevoir tous trois sur
« les ruines de l'ancienne cité des Patréens.

« C'est Delaunay qui porte cette lettre à Pyr-
« gos. Il doit rejoindre à Carithène

> Le fameux Bory Saint-Vincent,
> Dont voici la brève épitaphe :
> Littérateur sans orthographe,
> Et colonel sans régiment. »

Cette lettre m'attrista. Je voyais s'éloigner un homme qui m'avait témoigné une vive affection, je me trouvais plus isolé encore, et sa lettre m'ôtait même l'espérance que j'avais eue de le rencontrer à Navarin. Celle qui va suivre me fut retournée à Paris, après être allée me

---

[1] Au verso de cette lettre se trouve un dessin à la plume qu'il me priait de ne pas perdre, étant bien aise de le revoir à Paris.

chercher à Olympie. Elle était datée de Belfort, 30 août 1829 :

« Il vaut mieux tard que jamais, mon cher
« Amaury. Je n'ai pas été tout à fait aussi exact
« à vous écrire que je le fus à remettre votre
« lettre et celle de votre tyran; les lettres qui
« vous en seront survenues ont dû vous le dire.

« J'avais espéré jusqu'au dernier moment
« passer quelques jours à Baden, où j'aurais
« vu votre oncle Alexandre : c'est de là que je
« comptais vous écrire; mais un surcroît de
« besogne, le dépit que tout bon Français a
« éprouvé en voyant le ministère envahi par
« tant de gens tarés, ont fait changer d'avis à
« mon patron; il a voulu pousser les opérations
« pour faire trêve à son humeur, et nous avons
« vu Schelestadt, Brisach, Colmar, Huningue,
« sans que j'aie pu vous écrire. Mais un déluge
« qui vient nous assaillir, avant que nos opéra-
« tions soient assez avancées ici pour qu'il faille
« se plonger dans la bouteille à l'encre, me
« laisse un peu de répit. J'en profite pour vous
« prouver que je vous suis toujours cordiale-

« ment attaché, et vous exprimer tout le plaisir
« que j'ai éprouvé à faire la connaissance de
« votre excellent père. Je l'ai trouvé seul au
« milieu de ses livres, son frère à Baden, sa
« fille en Angleterre, et vous au milieu des
« ruines de la majestueuse Olympie, où Pellion
« vient de m'écrire que vous faisiez merveille.
« Je vous en veux de ne m'en avoir pas dit un
« mot, à moi si fidèle admirateur de la section
« d'archéologie. Vous ne deviez craindre ni les
« indiscrétions, ni un article pour le *Globe,* et,
« sans entrer dans les détails que ne vous
« permettent point vos serments, du moins
« vous pouviez vous féliciter avec un ami du
« succès de vos fouilles. J'espère que bientôt
« une lettre réparera cet oubli, ou mieux que
« déjà elle est en route et court après moi,
« comme toutes les lettres qui me parviennent
« de Morée, car, débarqué le 23 juin, je suis
« allé rendre hommage, à Montpellier, à ma
« nouvelle belle-sœur; le 2 juillet, j'étais à
« Paris; j'ai passé huit jours tant à la campa-
« gne que dans cette capitale; le 14, j'étais à
« Strasbourg, où, pour commencer, nous avons

« eu trois régiments; nous sommes au cin-
« quième, deux nous attendent à Besançon, et,
« après avoir vu le huitième à Dijon, nous nous
« rapprocherons de Paris, sans y entrer : il est
« trop *sale* en ce moment; peut-être sera-t-il
« *nettoyé* d'ici là.

« Je compte bien, mon cher Amaury, que
« l'année ne se finira pas sans que je n'aie le
« plaisir de vous revoir à Paris.

« Mille choses aimables à votre bon M. Du-
« bois, que sa femme et sa fille attendent avec
« la plus vive impatience. Quant à vous, mettez
« votre journal au net, pour que je puisse le
« parcourir quand il sera complet.

« Je vous embrasse de cœur.

« A. Pélissier. »

Depuis cette époque, mes relations avec le capitaine Pélissier furent bien longtemps interrompues. Sa carrière militaire, couronnée si glorieusement par la prise de Sébastopol, le tint pendant presque toute sa vie éloigné de France, et, comme je ne le retrouverai que fort tard dans ces mémoires, s'il m'est permis toutefois de les continuer, je vais suspendre un instant le récit de mon voyage et dire quels ont été depuis mes rapports avec le duc de Malakoff.

CHAPITRE X.

Digression. — Lettres du maréchal Pélissier à ma sœur. — Retour du maréchal à Paris. — Ma visite au ministère.

Je ne pouvais pas prétendre qu'au milieu des événements si nombreux et si graves de son existence, le duc de Malakoff se rappelât un jeune peintre qu'il n'avait fait qu'entrevoir; de mon côté, un peu de discrétion m'empêcha de continuer une correspondance qui pouvait devenir importune : je restai donc de longues années sans nouvelles de lui. Une circonstance me prouva qu'il n'avait pas oublié son jeune camarade de Morée. — Ma sœur avait une recommandation à lui adresser en faveur d'un soldat de l'armée de Crimée. Elle se décida à écrire au maréchal en lui rappelant des souvenirs qu'elle pensait devoir être sortis de sa mémoire.

Voici la réponse qu'elle reçut :

« Sévastopol, 28 janvier 1855.

« Madame,

« Dieu m'a doué d'une mémoire parfaite,
« et, malgré les ans et les fatigues, malgré
« un séjour consécutif de seize années hors de
« France, je n'ai pas perdu cet heureux pri-
« vilége, et je sais me souvenir.

« Je me rappelle parfaitement avoir eu le
« plaisir d'aller chez vous un soir où je devais
« rencontrer Delphine Gay. Je serais un bar-
« bare si j'avais oublié Amaury Duval, et
« l'eussé-je oublié, que je l'aurais retrouvé dans
« un petit coin de ma mémoire, en revoyant
« cette mer d'Ionie, ces rochers de Pylos et le
« golfe de Salamine, à portée desquels je suis
« passé quand un nouveau sourire de la for-
« tune m'a poussé vers cette vieille Chersonèse
« où j'ai couronné ma carrière militaire.

« Ainsi, Madame, toutes vos précautions ora-
« toires étaient surabondantes, et votre lettre
« ne pouvait être que la bienvenue. Je vous
« remercie d'avoir compté sur mon empresse-
« ment à vous être agréable. Malheureusement,
« votre protégé ne s'y prête que fort imparfai-

« tement. — Son régiment est à D..., et il a été
« nécessaire que j'y écrivisse afin de savoir si
« je pouvais et ce que je pouvais pour lui, car
« sa pauvre famille est dans l'erreur : il n'est
« point proposé pour l'avancement, et le ren-
« seignement que je reçois est si défavorable,
« qu'il serait difficile que je puisse songer à en
« faire un officier. Et cependant il n'est plus
« jeune. Je ne crois pas que ce soit le feu sacré
« du métier qui l'ait entraîné. Il est nécessaire
« que sa famille lui donne des conseils. Il est
« sur une mauvaise pente, que la jeunesse ne
« saurait excuser, car on est homme à trente
« ans. S'il n'est pas sans ressource, peut-être
« en ferait-il un plus utile emploi en s'exonérant
« du service, car il semble se dégoûter, et Bac-
« chus pourrait le mener loin dans cette voie.

« Je suis tout attristé de cette déconvenue,
« et j'aurais été bien heureux de vous répondre
« par une nomination de sous-lieutenant; mais,
« en vérité, je ne le puis, et ne le pourrai de
« sitôt, s'il n'y a profond amendement.

« Je suis fort reconnaissant, Madame, pour
« tout ce que vous me dites : je vous crois et je

« vous remercie, car je suis resté simple comme
« vous m'avez vu au quai Conti, et ni dignités ni
« cordons ne me troublent l'esprit. J'en suis fort
« honoré, et je n'y vois pourtant que la consé-
« quence nécessaire d'un long devoir accompli.

« J'ai un regret cependant : c'est que, si votre
« frère a parachevé mon portrait, il ne l'ait pas
« confié à ceux qui ont pris fantaisie de me
« *fourrer* partout. Aucun n'est ressemblant ; j'ai
« assez conservé mes traits, et je trouve qu'avec
« mes sourcils noirs, mes blancs cheveux et l'em-
« bonpoint que j'ai acquis, je dois ressembler
« un peu à Baucher quand il montait *Partisan*.

« Une blanche colombe portant au bec un
« brin d'olivier apparaît à l'horizon dégagé...
« Si ce présage se réalise, nous pourrons tour-
« ner de nouveau les yeux vers la patrie. Soyez
« persuadée, Madame, qu'alors je tournerai
« bien volontiers les pas vers la rue de Tivoli
« pour vous baiser la main et la serrer à Amaury.

« Maréchal Pélissier. »

Quelque temps après, ma sœur envoya au maréchal la copie d'un assez médiocre croquis que j'avais fait de lui, un soir, à Modon. Elle reçut la lettre que voici :

« Sévastopol, 1ᵉʳ juillet 1856.

« Madame,

« Vous devez me croire perdu dans les
« steppes de la Crimée, car j'aurais dû vous
« écrire au moins pour vous dire que le *dessin*
« m'était arrivé. Mais j'étais tellement obsédé
« de toutes les indications que la sotte presse,
« surtout la belge, donnait sur mon compte,
« que je n'ai voulu dire à personne ce que je
« faisais, et, dès lors, j'ai dû infliger l'embargo
« à ma propre correspondance.

« Aujourd'hui que, par ma persistance, j'ai
« mené à bonne fin, en moins de quatre mois,
« une lourde opération, que beaucoup trou-
« vaient l'année trop courte pour la terminer,
« je puis avoir des idées de retour, et je vous
« le dis *à vous seule*. Le 5, selon toute appa-
« rence, après avoir vu embarquer mes derniers
« soldats, mon dernier canon, je monterai sur
« le *Roland* et jetterai un dernier regard sur
« cette terre de Crimée qui recouvre tant de

« cœurs généreux. Après avoir promené l'œil
« du maître sur différents détails qui concer-
« nent Constantinople et l'évacuation de ce que
« nous y avons encore, je reprendrai la mer : je
« reverrai successivement Smyrne, Athènes,
« Rhodes, Palerme, Naples peut-être, et, après
« dix-sept ans consécutifs d'absence, je reverrai
« la France vers la fin de ce mois. Si, comme
« les illustrations qui, dans une circonstance ré-
« cente, ont été vues à la porte des carrosses[1]
« comme des spécimens de force et de fidélité,
« on me symbolise à mon tour, sans doute
« sera-ce pour la constance et l'abnégation.

« J'ai souligné plus haut le mot *dessin*, parce
« que le portrait n'est pas le mien. Personne
« ne m'y retrouve : de sorte que, copie ou ori-
« ginal, je mettrai le tout à votre disposition,
« si maître Amaury veut me reproduire tel que
« le temps m'a fait.....

« Au revoir, Madame ; compliments affec-
« tueux à M. Guyet-Desfontaines, amitiés au

---

[1] Je ne réponds pas de la lecture de ce passage, qui doit être une allusion aux maréchaux Canrobert et Bosquet escortant le carrosse du Prince Impérial lors du baptême du 14 juin.

« jeune Marcel. Je vous serre la main bien
« cordialement.

« Maréchal PÉLISSIER. »

Je ne parlerai pas de ce siége si long, terminé par un coup d'audace, de force et d'habileté. Cela appartient à l'histoire et n'est pas mon affaire ; mais les récits que je lisais de la rentrée des troupes à Paris, dont j'étais alors éloigné, me firent une profonde impression, et la pensée que l'illustre commandant de cette armée m'avait traité en ami, que j'avais serré sa main, ajoutait encore à mon émotion. Lors de mon retour à Paris, j'hésitai quelque temps à me présenter chez le maréchal ; mais, puisqu'il ne m'avait pas oublié, l'abstention était-elle convenable ? Je pris mon parti et sollicitai par écrit l'honneur d'aller lui rendre visite.

Le lendemain, je reçus ce mot :

« Ministère de la guerre, mardi, six heures.

« Mon cher Amaury, vous seriez bien ai-
« mable de venir demain mercredi, de sept à
« neuf heures du matin.

« A. PÉLISSIER. »

Cette lettre, adressée à mon atelier, ne me parvint qu'au moment où j'y arrivais, c'est-à-dire vers neuf heures et demie. La limite extrême du rendez-vous que me fixait le maréchal était donc passée. J'étais fort perplexe. A tout hasard, je me fis conduire au ministère, pour expliquer au moins la cause de mon inexactitude. L'huissier, en effet, m'annonça que l'audience allait finir, et que les personnes mêmes qui attendaient encore ne seraient pas reçues. Mais quand je lui montrai la lettre du maréchal, en le priant de lui faire parvenir mes excuses, je vis tout à coup cet homme se lever, prendre ma carte et disparaître. Un moment après, j'étais introduit dans une grande salle dont les siéges étaient presque tous occupés par des officiers de tous grades, par des généraux même. Je venais de m'asseoir modestement dans un coin, quand une porte s'ouvrit, et j'entendis mon nom appelé par un aide de camp. Je me levai et le suivis, tout confus du tour de faveur qui m'était accordé.

J'aperçus alors d'assez loin, mais reconnus tout de suite le maréchal, debout, causant avec quelques officiers. Il retourna la tête sans expression d'aucune sorte. Je m'approchai; il me tendit la main, m'attira vers lui, et me présenta la joue. Je l'embrassai. Tout cela sans un mot qui me fût adressé, car il continuait sa conversation et donnait des ordres. Il me tenait toujours par la main. Enfin, il m'entraîna dans son cabinet en me passant le bras autour du cou.

« — Je ne vous cache pas, maréchal, que je
« suis très-ému, lui dis-je.

« — Ah! sacré Parisien, me répondit-il en
« imitant mon accent; je suis très-ému...

« — Oh! alors, maréchal, j'aime mieux ça;
« vous me mettez à mon aise.

« — Pardieu! est-ce que je ne suis pas tou-
« jours le même? — je ne parle pas de mes
« cheveux. — Est-ce que vous me trouvez bien
« changé? Que dites-vous de ce torse? Et pour-
« tant je ne me suis pas ménagé. Quant à vous,
« je vous retrouve toujours aussi mince, aussi
« élancé; il paraît que vos travaux n'engrais-
« sent pas... »

Pendant qu'il me parlait ainsi, il s'asseyait

à son bureau, mettait une forte paire de lunettes et commençait à dépouiller sa correspondance.

« Parlez-moi toujours, me dit-il; ça ne me
« dérange pas... C'est toujours la même lettre
« que je reçois... Voyez... il n'y en a pas une
« qui ne commence ainsi : — *Illustre épée qui*
« *venez d'ajouter encore un fleuron à la glorieuse*
« *couronne de la France...;* et qui ne finisse :
« — *Voulez-vous me prêter 20 francs?...* »

En disant cela, il les jetait au panier et continuait à me questionner :

« — Et le père Dubois?

« — Il est mort, maréchal.

« — Ah! le pauvre diable! Et le fameux
« Bory Saint-Vincent?

« — Mort aussi.

« — Alors il ne reste plus que vous et moi
« de la commission, car, vous savez, je prenais
« tant d'intérêt à la section d'archéologie que
« je méritais bien d'en faire partie... Ah çà,
« et la peinture?

« — Je fais la décoration d'une église.

« — Ah! Et avez-vous dans vos sujets un

« saint Georges? Je vous poserai... hein? Quel
« saint Georges! »

Pendant que nous causions ainsi, un aide de camp était entré sans que le maréchal l'eût remarqué, et il se tenait droit derrière le bureau.

Il se passa alors un petit fait qui me donna un échantillon de cette brusquerie devenue légendaire, mais que l'on a probablement exagérée beaucoup.

Levant les yeux par-dessus ses lunettes, le maréchal aperçut tout à coup cet officier.

« — Eh bien? qu'est-ce que vous faites là? » lui dit-il d'un ton qui m'impressionna au point de me faire monter le rouge au visage; « qu'est-
« ce que vous voulez?

« — Maréchal, j'attends vos ordres.

« — Quels ordres?

« — Vous m'avez appelé.

« — Moi, pas du tout.

« — Pardon, maréchal, dis-je alors en l'in-
« terrompant; mais j'ai parfaitement entendu,
« il y a un instant, que vous appeliez M. Du-
« val. Vous concevez que ce nom devait me
« frapper. »

Il paraît en effet que l'aide de camp portait le même nom que moi.

Le maréchal se radoucit un peu, et, avec un reste de mauvaise humeur :

« Eh bien ! je n'ai pas besoin de vous », lui dit-il.

L'aide de camp s'inclina, et je remarquai que le sourire qu'il m'adressa en se retirant ressemblait un peu à un remercîment.

Si ces lignes tombent sous les yeux de cet officier, qui sans doute est arrivé à l'heure qu'il est à un grade élevé, elles pourront lui remettre en mémoire un petit fait qu'il a dû oublier ; je le retrouve dans les notes que j'écrivais chaque jour sur les choses intéressantes que j'avais vues, et où je ne pouvais manquer de faire mention de cette visite.

Le maréchal se remit à causer, et toutes les questions qu'il m'adressa sur ma famille, sur les membres de la commission qu'il avait connus en Morée, auraient pu prolonger beaucoup la visite : je craignais d'être indiscret, et je pensais surtout aux personnes qui attendaient dans la salle voisine ; je pris donc congé de lui. Il me reconduisit, en me prenant encore par le cou, comme il avait fait à mon arrivée.

« — Ah çà, nous nous reverrons, me dit-il ; je
« ne vous retiens pas à déjeuner aujourd'hui...
« Je ne suis pas chez moi... Mais, quand je
« serai installé... Si vous ne venez pas... Je suis
« *l'illustre épée*... Vous m'entendez... on doit
« m'obéir!... Vous pouvez compter que je vous
« envoie quatre hommes et un caporal...

« — Vous n'aurez pas besoin de les déran-
« ger, maréchal. »

Ce fut pourtant la dernière fois que j'eus l'honneur de le voir. Les événements qui l'envoyèrent encore hors de France, un nouveau voyage que je fis à cette époque en Italie, m'ôtèrent toute occasion de le rencontrer.

Depuis sa mort, je me trouvai plusieurs fois avec la duchesse de Malakoff, dans le salon de la princesse Mathilde. La pensée que je devais être un inconnu pour elle m'empêcha de solliciter l'honneur de lui être présenté. J'aurais été heureux cependant de pouvoir lui exprimer ma reconnaissance pour l'affection que m'avait toujours témoignée son illustre époux.

CHAPITRE XI.

Course d'Olympie à Navarin. — Marais de Kaïpha. — Arrivée à Navarin. — Lettre de ma sœur. — Lettre de Pélissier. — Le temple de Phigalé. — Retour à Olympie.

Je reprends mon récit au jour où je quittai Olympie avec mon camarade de Gournay.

Nous prîmes, en laissant Pyrgos à notre droite, une route plus directe que celle que nous avions suivie pour venir à Olympie. Nous traversâmes à cheval l'Alphée, dont les eaux étaient encore assez basses pour que nos montures pussent avancer avec facilité, et même résister au courant, qui était devenu fort rapide; mais il me semblait, ainsi qu'à mon camarade, que le cheval marchait complétement incliné de côté et qu'une chute était imminente. Cette illusion nous produisit à tous deux une espèce de mal de mer fort inquiétant au début d'un voyage. Le passage à gué fut heureusement assez court, et, je dois dire, beaucoup moins pénible que ce qui nous attendait quand nous eûmes à traverser pendant de longues heures les marais de Kaïpha, qui longent la côte.

Une odeur nauséabonde nous poursuivit durant tout ce trajet, tellement désagréable, tellement écœurante, que, par moments, le courage nous manquait pour continuer notre route. Nous ne savions qu'inventer pour y échapper. Mon mouchoir sur la bouche finissait par m'ôter la respiration, et, dès que je voulais un instant reprendre haleine, les nausées revenaient, avec un état d'engourdissement et de somnolence que je retrouvai quelques années plus tard dans les marais Pontins, moins intense cependant. Le hasard me fit arracher une poignée de feuilles aux myrtes qui bordaient la route; je les broyai machinalement, et fus tout surpris de trouver à ces feuilles froissées une odeur assez vive, qui me rappelait celle du vétyver. J'en fis part à mon camarade, et, pendant quelques heures, nous pûmes échapper à l'infection, ou du moins la rendre supportable.

Ce fut avec un sentiment de vrai bien-être que je respirai, en sortant des marais, l'air pur de la mer, et que je pus en remplir mes poumons. A partir de cet endroit, le voyage jusqu'à Navarin ne fut plus qu'une promenade, par un soleil assez vif déjà, mais que tempérait, vers le soir, la brise de la mer. A notre arrivée, cette ville devait nous causer un bien grand étonnement. Sur la plage que nous avions laissée inhabitée, où j'avais vu errer quelques malheureux en guenilles et mutilés, où l'on avait à peine de quoi s'abriter, nous trouvâmes des baraques, des boutiques, le mouvement, l'animation que l'on rencontre dans les foires des environs de Paris, avec lesquelles ces constructions en bois donnaient à la ville nouvelle une ressemblance plus grande encore. Nous étions ravis. Le temps que nous venions de passer dans une solitude presque complète nous faisait apprécier bien vivement ce faux air de civilisation, et l'on peut imaginer notre joie quand nous nous vîmes assis dans une espèce de restaurant, où l'on nous servit un dîner à la carte, ayant devant les yeux la Pylos du vieux

Nestor, et sur la table une bouteille de vin de Saint-Georges. C'était, depuis deux mois, la première fête de ce genre : aussi cette bouteille nous parut-elle la meilleure chose que nous eussions bue de notre vie. J'ai goûté depuis du même vin; mais il est probable que je jugeais alors par comparaison, car je n'ai jamais retrouvé cette sensation délicieuse, qui ne tenait pas évidemment à la qualité du vin.

Notre seule préoccupation était de terminer nos affaires le plus promptement possible. M. Fabreguette nous fut d'un grand secours, ainsi que le général Esperonnier, qui nous accueillit avec une amabilité charmante, et nous donna même l'hospitalité à Modon.

Comme on le pense bien, avant toutes choses, j'allai m'informer si le courrier de France avait apporté quelque chose pour moi, et je trouvai cette lettre de ma sœur :

« 15 mai.

« J'ai peu de nouveau à te dire, cher frère;
« seulement je pense plus que jamais à mon
« voyage de Londres. Les Heath redemandent

« leur fille, et je suis chargée de la conduire.
« J'y passerai un mois, j'y donnerai des leçons,
« et peut-être gagnerai-je quelque argent.

« 20 mai.

« Je pars demain, cher frère, avec la petite
« Heath pour toute compagnie. Je vais traverser
« la mer, faire naufrage peut-être, et devenir
« la proie de quelque baleine... Ce serait péni-
« ble... J'ai un peu peur, et je suis d'une tris-
« tesse mortelle; je ne fais que pleurer depuis
« hier. Je dis à tout le monde que je fais un
« voyage d'agrément. Il est gai, mon voyage
« d'agrément !

« 21 mai.

« Mes malles partent au moment où je t'écris.
« Il est cinq heures. En attendant Adèle, qui
« vient dîner, je vais causer avec toi; cela me
« reposera.

« D'abord, nous avons fait une partie char-
« mante à Montrouge, avec les Nodier : M. No-
« dier en était, Mélanie Gaume et sa mère,
« Mennessier, Fontaney, Ziégler, Brizeux et

« notre père ; tout le monde d'une gaieté folle.
« Chacun avait apporté son plat ; il s'est trouvé
« quatre pâtés... naturellement. On a dîné sur
« le gazon, dans le bosquet ; on a bu à ta santé.
« A neuf heures, nous étions de retour à Paris,
« où nous avons fini la soirée en dansant et en
« prenant des glaces, surprise d'un de ces mes-
« sieurs ! Tu vois que la partie a été complète.
« Combien je t'ai regretté !

« Le dimanche, je vais toujours chez les
« Nodier ; j'y ai fait la conquête d'Alexandre
« Dumas (*Henri III*). En revenant à pied, il m'a
« fait l'honneur de porter mes souliers et mon
« peigne. — Il est fort romantique, le Dumas !
« Il était une heure du matin, je n'en pouvais
« plus ; tout à coup, il s'écrie en regardant la
« lune, qui était fort belle, j'en conviens :
« — Ah ! madame, quelle lune ! N'iriez-vous
« pas jusqu'à la barrière de l'Étoile ? Ne vous
« sentez-vous pas transportée par quelque puis-
« sance invisible ?... » Moi, terrestre personne
« que je suis, j'ai répondu : « — Je me sens
« si peu transportée, monsieur, qu'un fiacre
« aurait plus de charme à mes yeux que toutes

« les lunes du monde... » Cela lui a tellement
« coupé la parole, qu'il en est resté un quart
« d'heure sans dire un mot. Je riais joliment
« en dedans.

« J'ai donné une grande soirée pour mon
« départ; c'était superbe, très-gai. Dumas y
« était. Il a eu une prise de romantisme avec
« notre oncle Alexandre, telle que notre oncle
« en a été malade. Mignet criait comme un
« enragé. Dumas lui a dit que Racine avait
« perdu le théâtre, et Boileau la poésie... Tu
« juges !

« Cette lettre a été interrompue six fois; il
« est six heures, je te quitte. Je t'écrirai de
« Londres une longue, longue lettre.

« Adieu, cher; adieu, mon frère. Je te verrai
« bientôt, j'espère. C'est mon désir le plus vif.
« Je t'embrasse.

« EMMA. »

Sous cette apparence de gaieté, je compris la profonde tristesse de ma sœur. Elle quittait sa fille, son intérieur, et toujours avec l'espoir de se tirer d'affaire, de gagner dignement sa vie.

Je souffrais tout en admirant son courage, et je me félicitais du moins de n'être plus à sa charge et à celle de mon père.

Une nouvelle lettre de Pélissier me fut remise par un officier qui s'en était chargé, et qui, ne m'ayant pas trouvé à Olympie, me la rapportait à Modon. Quoiqu'elle soit antérieure à celle que j'avais reçue à mon départ pour cette petite excursion à Navarin, et que je n'en aie malheureusement conservé qu'un fragment, je crois devoir le donner ici :

. . . .

. . . .

« . . . . .mérite seul le voyage. Il est à huit
« lieues d'Argos; mais il y a un moyen plus
« prompt d'y parvenir : c'est de s'embarquer à
« Nauplie pour Astros, ce qui n'est pas un
« trajet de deux heures.

« Vous serez également enchanté de votre
« course au temple d'Apollon Vengeur. Il est
« dans une situation exquise [1], sur un plateau

---

[1] *Note de Pélissier au bas de la page* : « Œuvres du célèbre Bory Saint-Vincent. Le mot se trouve à chaque page; donc il est bon. »

« d'où l'on découvre d'un côté la mer de Zante
« et de l'autre Nisi, le golfe de Coron et les
« sommités du Taygète; trente-huit colonnes
« sont encore debout. Ce temple est non loin
« de l'ancienne Phigalé, aujourd'hui Paulitza,
« au vieux village de Bassa, aujourd'hui enfin
« les Colonnes Stylès.

« Je manœuvrais pour engager le général à
« faire cette course en attendant le retour du
« maréchal, et, ce matin, l'huissier de la Verge
« Noire[1], que je trouve toujours sur mes bri-
« sées, s'est enfermé mystérieusement dans le
« petit cabinet pour méditer un itinéraire; je
« ne regretterai pas qu'il diffère du mien, s'il
« me procure les moyens de vous rencontrer
« encore une fois.

« Comme je pense que vous irez à Patras, je
« vous ai recommandé, ainsi que votre digne
« patron, à un de mes bons amis, Alexandre,
« capitaine au 58ᵉ régiment de ligne. Je pré-
« sume qu'en temps et lieu vous n'oublierez
« point ce que je vous dis là.

---

[1] Allusion au nom d'un de ses camarades.

« Le baron Volland, qui voulait aller vers
« Coron, a failli s'assommer. Sa mule, qui
« s'était emportée, l'a projeté par-dessus ses
« oreilles; heureusement que c'était sur une
« pelouse bien garnie, car il se serait assommé.
« Je suis allé le voir avec le général, le lende-
« main de cet accident : il avait la figure épou-
« vantablement enflée et la tête écorchée; mais
« d'abondantes saignées ont mis ordre à tout,
« et il est hors de danger.

« Le général a encore eu de la fièvre. Il va
« mieux.

« Adieu, mon cher Amaury; mille choses
« affectueuses à M. Dubois.

« A. Pélissier.

« Lépante est pris. Les Russes sont maîtres
« de Trébizonde. »

Après bien des courses chez les intendants, après bien des démarches, que nous abrégea l'infatigable obligeance de M. Fabreguette, je pus enfin terminer nos affaires et quitter Modon, où rien ne nous retenait plus, mon camarade et moi.

Nous prîmes, pour repasser par Messène, qui était sur notre route, un chemin plus court, mais beaucoup plus accidenté que le premier. Plus de ces charmants sentiers sur le bord de ruisseaux tout garnis de lauriers, qui m'avaient donné au premier abord une idée si gracieuse de la Grèce : rien que les flancs escarpés du mont Pilaw, qui me parut, à la distance plus rapprochée où nous étions, d'un aspect tout à fait étrange : des défilés étroits et sombres, des chemins presque impraticables. Je reconnus enfin, le second jour, que nous approchions de Messène, aux belles forêts de chênes qui entourent cette ville.

J'étais frappé, depuis que je voyageais en Grèce, de la rareté incroyable des habitants. Il nous arrivait de marcher pendant des journées entières sans rencontrer âme qui vive, et nous avions fini par nous habituer à cette solitude, au point d'être étonnés quand, par hasard, nous apercevions dans un champ inculte un laboureur défrichant un bout de terre. Les Grecs de la Morée qui n'avaient pu prendre part à la guerre, les femmes et les enfants s'étaient éloignés de leur pays et réfugiés dans les îles; ils commençaient à peine à rentrer dans leurs foyers : aussi c'était toujours une agréable surprise pour nous de rencontrer quelques-uns de ces émigrés. C'est ce qui nous arriva au milieu de cette route, très-loin encore de toute habitation et dans un endroit où rien ne pouvait nous faire prévoir une pareille aubaine. Un Grec était installé, avec toute sa famille, sous un immense platane; des chèvres et quelques moutons paissaient aux environs. Il se leva à notre approche, et, après nous avoir salués à l'orientale en portant la main à son cœur, à sa bouche et sur son front, il s'avança vers nous, tenant à la main des vases remplis de lait, qu'il nous offrit, ainsi qu'à nos guides. La simplicité très-digne avec laquelle il nous avait invités à boire nous embarrassa beaucoup quand nous voulûmes le payer, et son geste pour refuser fut si noble qu'il n'y eut pas moyen d'insister. Cette petite scène me rappela les mœurs antiques, telles du moins qu'on nous les a fait connaître; en tout cas, elle prouvait une absence complète de civilisation.

Je revis avec un bien vif intérêt les ruines de Messène, et je profitai de quelques heures de repos pour dessiner des bas-reliefs que M. Blouet avait découverts et faire un croquis de la fontaine Clepsydre.

J'ai peu conservé le souvenir de la route que nous prîmes en sortant de cette ville. Je vois seulement dans mes notes que nous campons sur un point fort élevé, dominé encore par d'autres montagnes; que nous cheminons lentement, nos chevaux, essoufflés, s'arrêtant à chaque instant pour reprendre haleine; qu'enfin nous commençons à gravir par des sentiers, au bord de précipices effrayants, une montagne dont la cime était le but de notre course.

Tout à coup, à un détour de chemin, nous avons devant les yeux le plus merveilleux spectacle qui se puisse imaginer. Un temple, dont trente-six colonnes debout, avec leur architrave, se détachent en lumière, éclairées par le soleil couchant sur un ciel d'un bleu verdâtre; à l'angle de la ruine, un énorme chêne, à moitié brisé; au pied du temple, des fragments sans nombre et de toutes sortes, des assises, des chapiteaux de colonnes, qui semblent lui servir de piédestal; d'un côté, à perte de vue, des montagnes, l'Ithôme entre autres, dont les cimes se dorent, tandis que leurs ombres vigoureuses, descendant dans d'immenses gorges, en font disparaître la base dans la vapeur; à l'horizon, la mer, le beau golfe de Coron et la chaîne du Taygète, couverte de neige... Il nous fallut, à de Gournay et à moi, quelques instants pour nous remettre de notre émotion. Le jour qui baissait et les nuages qui commençaient à nous envelopper nous-mêmes nous cachèrent ce spectacle comme un rideau tombant sur le dernier tableau d'une féerie. Je ne crois pas qu'on en puisse inventer de plus belle.

Le lendemain, j'examinai avec plus de calme et j'appréciai en détail cette admirable ruine. Dans l'aire du temple gisaient une foule de fragments du plafond, exécutés avec une finesse et une perfection inouïes. Au milieu de ces débris sans nombre, tous intéressants, les bases des colonnes de la *cella* attirèrent mon attention par leur originalité. Elles présentaient la forme d'une belle coupe renversée. J'en parlai plus tard à un des architectes de la commission, M. Blouet, je crois, qui confirma mon opinion, en ajoutant que c'était un des rares exemples de ce profil qu'il eût vus, si ce n'était le seul. En a-t-on retrouvé d'autres modèles?

Ce temple, dédié à Apollon Épicurius, eut pour architecte Ictinus, l'auteur du Parthénon : ce qui suffit pour en expliquer la merveilleuse beauté. Il fut construit en pierres d'une dureté et d'une finesse de grain si grandes que les arêtes des moulures nous semblaient faites de la veille. La couleur était d'un gris blanc. J'ai été très-surpris quand j'ai vu que Pausanias prétendait que ce temple était entièrement en marbre, y compris le toit. Il me paraît pourtant difficile de s'y tromper, même d'assez loin. Mais Pausanias l'avait-il visité?

Pour la première fois de ma vie, j'avais devant les yeux un monument antique, et ce monument était un chef-d'œuvre. Aussi mon impression fut-elle profonde et durable; mon jugement faisait d'un seul coup un grand pas. — Je ne pouvais comparer encore, il est vrai, qu'avec un bien petit nombre d'œuvres d'art; je pouvais me tromper. Mais, depuis, j'ai à peu près vu, en original ou en reproduction, tout ce qui a été fait de beau, du moins tout ce qu'on regarde comme tel, et je dois convenir que je n'ai trouvé nulle part rien qui approchât, même à une grande distance, de ce que les Grecs ont produit; personne qui pût être comparé à Ictinus ou à Phidias. La science, le sentiment du beau, la délicatesse du goût, ils avaient tout ce qui constitue la puissance de l'art.

C'est devant un pareil chef-d'œuvre qu'il était facile d'apprécier la justesse des proportions, non pas cette prétendue harmonie qui fait paraître presque petit l'immense vaisseau de Saint-Pierre de Rome, mais la vraie et juste combinaison des détails, qui, en s'unissant à l'ensemble, le font encore plus valoir. C'est au point qu'il me fallut des preuves matérielles, et que je dus prendre des mesures pour m'assurer des dimensions de ce temple, qui, en réalité, se trouvèrent être de moitié moins grandes que mes yeux ne l'avaient jugé[1].

[1] Les colonnes ont à peu près dix-huit pieds de hauteur et trois de diamètre.

Lorsque je pense à toutes ces choses, que je passe en revue dans ma tête toutes les merveilles de cet art sublime, et que tout à coup je jette un regard autour de moi, je me demande à quel degré d'abaissement nous avons pu tomber pour nous éprendre quelquefois des œuvres qui se font de notre temps, pour que des hommes qui paraissent de bon sens soient aveuglés par la mode, — voilà le grand mot lâché! — au point de discuter sérieusement les insanités qui se produisent et de soutenir cette thèse de la génération actuelle, que le laid seul est vrai.

En présence d'une œuvre comme celle dont je ne voyais que les ruines, il faut un orgueil bien aveugle pour ne pas s'incliner et avouer humblement que ce qui peut produire une sensation si pure, une émotion si élevée, est le seul but qu'il faut avoir en vue, dût-on prendre des voies différentes pour l'atteindre.

Un très-médiocre croquis du temple, retrouvé dans mes notes, m'a reporté d'un seul coup devant cette merveille et m'a entraîné à cette sortie un peu déplacée, tout au moins bien inutile.

Malgré le désir que nous avions de prolonger cette station à Phigalé, il fallut songer à continuer notre route. Notre admiration n'était que passive; nous n'avions ni l'un ni l'autre la science nécessaire pour restaurer ce monument, comme les architectes ont dû le faire, et pour en constater les nombreuses beautés. Je me remis donc en marche avec de Gournay, non sans jeter un dernier coup d'œil en arrière sur le temple, jusqu'à ce qu'il eût disparu à nos yeux.

Avant d'arriver à Olympie, je ne remarquai que la jolie ville d'Andritzène. Bientôt après, nous nous trouvions dans la vallée de l'Alphée, mais encore trop loin de nos fouilles pour nous aventurer plus avant, la nuit étant venue. Ce n'est que le lendemain matin que nous pûmes nous retrouver au milieu de nos camarades.

Notre retour fut gaiement fêté, et un des architectes eut l'idée de le célébrer par un feu d'artifice peu dispendieux et très-réussi; il mit tout simplement le feu à un énorme pin qui se trouvait sur le monticule où nous étions campés, et nous donna le plus joli spectacle qui se puisse imaginer. Rien de ravissant comme cette pluie de feu, ces milliers d'étincelles que la résine faisait petiller, ces pommes de pin enflammées rebondissant de branche en branche et venant, ainsi que de petites bombes, éclater à terre... Mais une certaine appréhension gâta notre plaisir : d'autres pins, très voisins de celui qui brûlait, pouvaient facilement prendre feu, l'incendie se propager... Nous fûmes quittes pour la peur.

CHAPITRE XII.

Le temple de Jupiter Olympien. — Découverte du pavé de marbre noir. — Lettres de ma sœur.

Naturellement, je m'empressai de questionner mes compagnons sur les résultats de leurs travaux pendant mon absence. J'appris avec plaisir qu'on avait trouvé encore quelques fragments curieux de statues, mais surtout que la fameuse tranchée dirigée par M. Blouet avait amené une découverte propre à dissiper les derniers doutes : nous étions bien sur l'emplacement du temple de Jupiter Olympien; c'était bien sur ce sol que s'élevait autrefois le chef-d'œuvre de Phidias [1].

[1] « Lorsque, après avoir traversé un pavement romain, qui avait surtout le mérite d'être riche, on est parvenu au véritable pavé antique, empreint de l'élégante simplicité grecque, il s'est retrouvé de nombreux fragments des *tuiles de marbre* dont le temple était couvert en guise de briques; et, à la place même où s'élevait le colosse de Phi-

Pausanias, dans sa description assez minutieuse, après avoir longuement parlé de la statue du dieu, ajoute ce détail, que le pavé sur lequel reposait le piédestal était de marbre noir. La tranchée avait pour but d'arriver à cette place, et il est facile de juger de l'émotion de tous ceux qui se trouvaient là quand ils virent nos ouvriers mettre au jour un pavement de marbre noir. Ce fut une joie bien naturelle, et d'autant plus grande, que le pavé du temple qu'on avait découvert dès les premiers jours n'avait aucun caractère de l'art grec; il était riche, mais d'un goût douteux, et composé de brèche, d'albâtre oriental : évidemment, une restauration romaine. Cela préoccupait les architectes, et ils m'en avaient fait part avant que j'allasse à Navarin. Un jour, l'un d'eux, voulant s'assurer de la qualité et de la richesse de ce

dias, des débris du *marbre noir* qui en formait le pavé sont venus donner une nouvelle preuve que c'était bien véritablement à cette place et dans ce temple qu'avait été érigée la merveille de l'art antique. »
(Extrait du rapport de M. Raoul Rochette, 30 avril 1831, dans le tome Ier de l'*Expédition scientifique de Morée : Architecture, sculpture, inscriptions, vues;* par A. BLOUET.)

pavé, en fit soulever un morceau. Son étonnement fut grand de voir au-dessous un pavé de mosaïque du goût le plus grand, le plus pur, et d'une simplicité toute grecque. Ce premier succès avait remonté le courage des érudits des deux sections : le pavé de marbre noir vint mettre le comble à leur contentement.

En effet, si la commission de Morée a rendu un service à la science archéologique, si elle a acquis des droits à la reconnaissance des érudits, c'est en découvrant la première, et d'une façon bien authentique, l'emplacement de ce temple qui avait été, dans l'antiquité même, un sujet d'admiration pour un peuple qui ne comptait plus ses merveilles.

Aujourd'hui, une nation qui n'est pas de nos amis a repris ces mêmes fouilles, et l'on parle de découvertes du plus haut intérêt, qui trancheraient des questions longtemps contestées. Je crois, en effet, que six pieds de terre enlevés sur l'emplacement de ce lieu si célèbre mettraient au jour des œuvres sans nombre, des chefs-d'œuvre même de tous genres, et chacun de nous ne peut que souhaiter le succès d'une entreprise qui n'intéresse que l'art et dont tout le monde profitera.

Quelques jours après mon retour à Olympie, on me remit ces deux lettres de ma sœur, dont la première adressée à mon père, qui me l'avait transmise, l'autre envoyée directement en Grèce :

« Londres [1], juin 1829

« Je n'ai pas encore reçu de lettre de toi,
« mon cher et bon père; mais je sais que tu te
« portes bien et que tu dînes tous les jours en
« ville. Cela ne m'inquiète pas; seulement, j'ai-
« merais à voir de ta chère écriture, à lire ce
« que ton affection pour moi t'inspirerait, afin
« d'être heureuse pendant quelques jours.

« Croirais-tu que Londres est un séjour au-
« quel je ne puis m'habituer, et que je ne
« pourrai peut-être pas y rester le temps que
« je voulais! Dès mon arrivée, j'ai perdu la

---

[1] C'est le voyage auquel Pélissier fait allusion dans une de ses lettres, et que ma sœur elle-même avait annoncé ci-dessus, p. 167-168.

« voix, et puis le mal du pays m'a saisie au
« point que, pendant trois jours, on n'a su que
« faire de moi. Je ne connais pas de mal plus
« affreux : c'est réellement une maladie. Les
« larmes me soulageaient, et j'avais fermé mes
« fenêtres et mes rideaux, afin de ne pas voir
« d'Anglais. Mes hôtes eux-mêmes m'étaient
« devenus insupportables. Tu concevras aisé-
« ment cet état : je vous quitte tous, je laisse à
« Paris affection et tendresse, pour venir dans
« une ville étrangère, livrée à moi-même, seule,
« sans pouvoir souvent me faire compren-
« dre... C'est surtout la première nuit que j'ai
« passée chez madame M... qui a été affreuse.
« La maison que j'habite est grande, démeu-
« blée, noire et triste ; il n'y a qu'une seule
« domestique. J'arrive à huit heures du soir ;
« on ne m'attendait pas, rien n'était préparé.
« Madame M... était seule avec sa bonne ; les
« voilà de se regarder, de se faire des signes.
« On prend mes paquets, on les monte au troi-
« sième ; je les suis, et j'entre dans ma chambre.
« Un lit composé d'un matelas de pierre et d'un
« lit de plume, un lavabo, deux chaises, une

« petite toilette : voilà mon ameublement, et si
« noir, si sale! A cette vue, le désespoir me
« prit, je me crus dans une prison, ou tout au
« moins dans une de ces auberges isolées au
« milieu des bois, où l'on assassine les voya-
« geurs. Je demandai le maître de la maison : il
« n'était pas rentré pour dîner, me dit-on d'un
« air embarrassé; on ne savait pas s'il rentrerait
« même pour coucher (c'est cela, me dis-je, il
« viendra cette nuit avec des amis). Réellement,
« j'eus peur; qui est-ce qui savait que j'étais
« dans cette maison? personne. Avant de me
« coucher, je regardai partout, je levai le tapis
« pour voir s'il n'y avait pas de trappe, je
« fermai la porte à clef, je fis mes prières et
« je m'enfonçai... oh! non, je ne m'enfonçai
« pas, dans mon lit. Le lendemain, je me ré-
« veillai sans avoir été assassinée.

« Mon hôte est un homme gros, petit et
« commun, grossier même. Mon hôtesse est
« petite, mince, coiffée à la Titus, et si gaie
« qu'elle m'en rend triste. Elle joue du piano
« et de la harpe; mais elle n'est pas forte, et
« chante!... je ne peux pas y tenir. Leur société

« est inouïe aussi. On a donné une soirée pour
« me faire entendre. Quelle soirée! J'ai eu un
« grand sucès; puis on m'a fait jouer au whist
« avec trois vieilles femmes dont les figures
« auraient effrayé le diable lui-même. A onze
« heures, on a soupé, on a bu, on a chanté.
« J'attendais la fin de tout cela avec une impa-
« tience extrême, quand on a apporté un pot
« plein d'eau bouillante et deux bouteilles,
« l'une de wiskey, l'autre d'eau-de-vie. Il m'a
« fallu avaler une gorgée du mélange affreux
« qu'on a fait, et ce qui m'a le plus étonnée,
« c'est de voir deux demoiselles prendre, sans
« faire la grimace, chacune un verre, mais un
« verre à vin de Bordeaux, plein d'eau-de-vie;
« je ne pouvais pas y croire.

« Si j'étais venue plus tôt, je crois que j'au-
« rais réussi dans ce pays; mais je ne pourrai
« faire cette année que des connaissances qui
« me serviront plus tard. Ma voix étant un peu
« remise, j'ai porté mes lettres. Il y a quelque
« chose de pénible pour moi là dedans; il
« m'est fort difficile de faire moi-même mon
« boniment et de dire avec modestie : *J'ai du*

« *talent*. Je l'ai dit cependant du mieux que j'ai
« pu. Dans quelques maisons, on l'a mis tout
« de suite à l'épreuve, et j'ai réussi; dans
« d'autres, on m'a crue sur parole; partout, j'ai
« été bien reçue. Lady G... allait monter à che-
« val quand je suis arrivée (c'est la femme à la
« mode ici); elle avait son chapeau d'homme,
« une chemise, une cravate d'homme, du rouge
« jusque sous les yeux. Elle a au moins qua-
« rante-cinq ans, et en paraît davantage par
« ses traits fatigués. Elle m'a reçue sa cravache
« à la main, mais très-bien, et je crois que
« moi, pauvre petite bourgeoise de Paris, je lui
« ai plu. Mais elle n'est pas musicienne et ne
« me servira de rien. Cependant je ne regrette
« pas l'argent que je dépense en voitures et
« les énormes courses que je fais à pied, en
« pensant à la connaissance que je prends
« du peuple anglais. J'aperçois jusqu'aux plus
« petites nuances, et rien ne nous est plus
« opposé, plus contraire que les Anglais. A
« présent que mes lettres sont portées, je dois
« attendre qu'on m'engage, soit à dîner, soit à
« passer la soirée, et alors je serai présentée à

« tous les gens qui se trouveront là. En atten-
« dant, je dépense de l'argent, je n'en gagne
« pas, et je me meurs d'ennui. Car, ne trou-
« vant rien dans la société de mes hôtes qui
« me plaise, je reste dans ma chambre, seule,
« toute la journée, et je me couche à neuf
« heures.

« Et toi, bon père, que fais-tu ? où vas-tu ?
« Je parie que tu n'as pas été à l'Arsenal ! J'en
« suis fâchée, parce que c'est, je crois, dans
« cette maison que tu es le plus aimé et le plus
« apprécié. Et tes affaires ? Oh ! n'en parlons
« pas ; je ne suis pas assez gaie pour cela. Et
« mon Isaure ? Je suis sûre qu'elle est bien gen-
« tille pour toi. Comme ma tante va partir,
« j'avais pensé à la mettre tout à fait dans sa
« pension ; mais, si tu veux et si tu peux la
« garder à la maison, elle n'ira à sa pension
« que le jour, et elle reviendra dîner avec toi.
« Annette en aura grand soin, et la mènera
« promener le soir ; puis je la prierai de cou-
« cher dans mon lit, afin que ma fille ne soit
« pas seule. Fais ce que tu croiras le plus con-
« venable. Adieu, bon et excellent père ; je

« voudrais t'avoir avec moi, et puis avoir ma
« fille : alors, je pourrais rester à Londres. Je
« t'embrasse tendrement.

« Emma.

« Envoie-moi donc la lettre d'Amaury, ou
« bien dis-moi s'il compte revenir bientôt.
« Beaucoup de détails. »

« Paris, juillet 1829.

« Je suis de retour, mon Amaury; je suis
« revenue à ce cher quai Conti, au bout de six
« semaines d'absence. Ah! que cela paraît
« doux! Que sera-ce pour toi? Pendant mon
« absence, papa a reçu deux lettres de toi : ce
« qui m'a fort mise en colère; il me semble que
« monsieur mon frère aurait bien pu m'écrire
« aussi. Non; monsieur n'avait rien à me dire.
« Je devrais faire de même; nous verrions si
« cela te plairait. Et encore prétendre que,
« pour une femme auteur, j'écris bien peu!
« Insolent! Tu devrais bien imiter les Grecs,
« que tu dis si polis. Mais je suis bonne, et je te

« pardonne, pourvu que tu m'envoies encore
« quelque jolie fleur.

« Mon voyage a été merveilleux. Seulement,
« comme à l'ordinaire, le mal du pays m'a sai-
« sie, et il a fallu revenir. Mais ce n'est pas
« sans avoir été partout, sans avoir tout vu.
« Arrivée au mois de juin, j'ai joui à Londres
« des plaisirs du carnaval; j'ai été au bal mas-
« qué, à trois bals, à deux concerts, à tous les
« spectacles, toutes les promenades, toutes les
« campagnes, à cheval, à pied, en voiture; j'ai
« vécu double pendant cinq semaines, et j'ai
« obtenu le plus brillant succès. Mais ce que
« j'ai vu de plus curieux, c'est le bal masqué de
« l'Opéra. Rien ne ressemble à cela, rien ne
« m'a plus étonnée. Les billets coûtaient une
« guinée chacun. Tu juges si j'en voulais! mais
« M. Han... en trouva à sept schellings, moyen-
« nant qu'*on prendrait une bouteille de vin*. Me
» vois-tu au bal masqué, avec une bouteille de
« vin sous le bras? Mes compagnons burent la
« leur; mais moi, je rapportai la mienne, au
« grand contentement de mon hôte. Quant au
« coup d'œil, il est difficile d'en donner une

« idée. Ce n'est qu'une sale et immense masca-
« rade des rues de Paris. Les femmes et les
« hommes sont tous déguisés. Au milieu de la
« salle est un bruyant orchestre, qui joue des
« airs anglais et des rills écossais; et ce qui m'a
« le plus étonnée, c'est que tout le monde
« danse. Des gens raisonnables et âgés se pro-
« mènent tranquillement : ils entendent un rill,
« et les voilà de sauter tout à coup comme s'ils
« étaient piqués par une tarentule; cela produit
« le plus singulier effet du monde, et me diver-
« tissait beaucoup. Mais j'en eus bientôt assez.
« Ce spectacle est dégoûtant : il s'y passe des
« choses inouïes, et je n'oublierai jamais la peur
« que j'eus quand un jeune matelot escalada
« notre loge pour m'offrir des bonbons. Je ne
« voulais pas les prendre; il m'y obligea en me
« les mettant de force dans la bouche. Tu juges
« de ma fureur.... Ils étaient fort bons. Les
« hommes qui ne sont pas déguisés ont tous un
« faux nez. Je conçois qu'on se cache pour aller
« là. N'est-ce pas curieux de voir ce peuple
« mettre tout à coup de côté ses habitudes de
« réserve exagérée, et, dans cette occasion,

« perdre la tête, s'enivrer, ne penser plus qu'à
« manger? C'est dégoûtant.

« Je t'avais écrit que je partais pour Londres
« afin de me distraire, de tâcher de chanter en
« Angleterre et de gagner un peu d'argent. Ce
« projet était difficile à exécuter : une femme
« seule, qui n'avait pour appui que *son talent et
« ses bonnes manières,* devait, pour réussir, sur-
« monter de grands obstacles; mais ma bonne
« étoile!... Et munie de bonnes lettres de re-
« commandation, je me suis présentée, j'ai
« chanté, j'ai vaincu; c'est-à-dire que tu ne
« peux pas te faire l'idée de mes succès. On
« donnait bals et concerts pour la *jolie dame
« française.* Que j'aurais voulu que tu fusses là,
« pour jouir d'abord de mes triomphes, puis
« pour voir les tournures et les costumes que
« j'ai vus! Mais les Anglais ont une manière
« d'applaudir qui m'a bien étonnée. — Vous
« chantez, vous chantez bien; — ils parlent
« entre eux. — Vous finissez; — un silence
« complet. J'avoue que, peu faite à cela, j'ai
« cru que je ne plaisais pas. Mais quel a été mon
« étonnement quand on m'a priée de recom-

« mencer trois fois ce que j'avais chanté ! —
« On n'applaudit ici qu'au théâtre, et beaucoup
« plus qu'à Paris.

« J'ai été à un grand bal ! Une tranquillité,
« un calme à dormir debout. On danse, c'est-
« à-dire on marche, sans se regarder. La contre-
« danse finie, le cavalier offre son bras non-
« chalamment et ramène sa danseuse à sa place,
« sans la saluer. Comme tout cela est drôle !

« J'ai trouvé à Londres mon compère L. de
« C..., riche et assez joli garçon. Tu vas tout de
« suite dire : Épouse-le bien vite. Et je te ré-
« pondrai : Jamais. Tu le verras, et tu le juge-
« ras. D'abord, il ne met pas l'orthographe ;
« puis il a le ton d'un commis voyageur. C'est
« Legrand dans les *Premières Amours*. Il me
« disait l'autre jour : « Vous qui avez de l'*estoc,*
« prévenez-moi donc quand je dirai une bêtise ;
« cela me rappellera ma pauvre femme, qui me
« disait toujours : Tu viens de dire une bêtise. »
« — La tâche serait trop difficile à entrepren-
« dre ; aussi je n'y pense pas. Au fond, c'est un
« bon garçon, très-complaisant, très-empressé.

« J'ai aussi trouvé Isaure Gay là-bas ; je l'ai

« engagée à revenir en France avec moi, et
« L. de C... nous a servi de cavalier. Cette pau-
« vre Isaure n'a pas cessé d'être à la mort du
« mal de mer, ainsi que de C... Ils m'ont mau-
« dite pendant quatorze heures, car, tu le sais,
« comme à l'ordinaire, je n'avais rien. Je riais,
« je mangeais, j'ai même bu du vin de Cham-
« pagne à bord, avec les trois seuls hommes
« encore debout.

« J'ai vu Dieppe, ville affreuse; mais Rouen
« m'a charmée. Rien de plus beau que la vue
« qu'on a du haut de la côte Sainte-Catherine.
« Et l'abbaye de Saint-Ouen! L'as-tu vue? J'en
« suis enthousiasmée, je ne pouvais en sortir;
« il faut que ce soit bien fort, car je n'aime
« guère l'architecture. Le soir, nous avons été
« au théâtre voir Potier dans *Werther;* nous
« sommes restés sur la place à force de rire.
« Il est merveilleux. Enfin, je suis arrivée à
« Paris, où j'ai retrouvé en bonne santé notre
« bon père, mon Isaure chérie, qui est grande
« et gentille. C'est tout ce qui m'intéresse.

« M. Pélissier est venu voir papa; je n'y étais
« pas. Il partait le lendemain pour Strasbourg,

« où il doit rester un mois ou deux. Je suis
« fâchée de ne pas l'avoir vu. Papa l'a trouvé
« des plus aimables et des plus instruits. Il
« t'aime beaucoup. Mais j'ai eu la visite de
« M. Beauglé ou Beaupré. Ce monsieur est ingé-
« nieur; il venait me demander si tu parlais de
« son frère dans tes lettres.

« On vient de jouer une *Christine* de M. Brault,
« qui, paraît-il, a assez de succès. On donne
« avec le *Menuisier de Livonie*. Monrose, dit-
« on, est ravissant dans le rôle du bourg-
« mestre. Franconi a un éléphant qui danse la
« gavotte.

« Au moment où je t'écris, les dames Nodier
« viennent me voir, toujours charmantes toutes
« deux. La mère me demande de tes nouvelles.
« La fille a un chapeau à l'anglaise, doublé en
« cerise. C'est la mode à présent; c'est en paille,
« très-serré et carré derrière les oreilles. J'en
« ai un. Tu verras. On ne peut plus s'en passer.
« Mais je te parle modes, comme si cela t'inté-
« ressait.

« Achille Devéria est marié; il a fait un beau
« mariage : c'est la fille de son lithographe,

« M. Motte, qu'il a épousée ; on la dit char-
« mante.

« Adieu, cher frère, adieu ; je meurs d'envie
« de te voir et de t'assurer de toute mon affec-
« tion.

« Emma. »

CHAPITRE XIII.

Départ d'Olympie. — Rencontre d'une caravane. — La fièvre de Grèce. — Arrivée à Patras.

La chaleur commençait à devenir insupportable; les fouilles se faisaient avec moins d'entrain et ne donnaient presque plus rien d'intéressant; mais surtout, faut-il le dire? une certaine préoccupation qu'avaient fait naître chez M. Dubois quelques atteintes de la fièvre, fut pour beaucoup dans la décision qu'il prit de quitter Olympie. La suite de ce récit prouvera que ses appréhensions étaient fondées, sinon pour lui, du moins pour ses collaborateurs.

La section d'architecture nous ayant déjà quittés, le nombre des travailleurs s'était fort restreint; on annonça à ceux qui restaient que l'on n'avait plus besoin de leurs services, et nous quittâmes la vallée de l'Alphée, avec une vraie tristesse et regrettant de ne pouvoir en emporter quelques souvenirs; mais les fragments de sculptures, même les plus petits, étaient d'un volume et d'un poids embarrassants. Il y avait, entre autres, un pied en marbre, de travail admirable, qui tenait encore à une partie du socle : de crainte qu'il ne subît quelque nouvelle mutilation encore plus complète, nous allâmes l'enfouir, Trézel et moi, dans un trou profondément creusé. Qui sait? ce fragment fera peut-être faire fausse route à quelque antiquaire de l'avenir, s'il le découvre au lieu où nous l'avons placé.

Notre but était Patras. Deux jours de marche devaient nous suffire pour y arriver. Les chemins que nous suivions étaient toujours des plus charmants, sur le bord des ruisseaux, dans des ravins peu accidentés, mais frais et fleuris. Parfois, nous étions arrêtés par un torrent; le plus souvent, les eaux, encore basses à cette époque, nous permettaient de passer facilement à gué sur nos montures. Il s'en présenta un, le Cladée, je crois, qui fut pour nous l'occasion d'un spectacle bien caractéristique.

J'ai dit que les Grecs commençaient peu à

peu à rentrer dans leurs foyers, et il n'était pas rare, depuis quelque temps, de rencontrer des caravanes d'émigrés. Il s'en trouvait précisément une près de cette rivière, qui se préparait, comme nous, à la traverser. Elle était composée d'hommes, de femmes, d'enfants, et d'un troupeau de chèvres et de moutons. Nous les regardions depuis quelques instants, un peu pour voir de quelle façon ils allaient procéder, et puis dans la pensée qu'ils nous indiqueraient probablement le passage le plus praticable. Ils ne furent pas longs à se décider. Les femmes, après avoir relevé leurs jupons, entrèrent les premières dans l'eau, portant dans leurs bras les enfants et poussant devant elles leur troupeau et quelques chevaux chargés d'ustensiles et de meubles assez primitifs. Les hommes, sur le bord, causant et fumant, ne prenaient pas la moindre part au travail fatigant des femmes; ils avaient l'air d'attendre. Mais qu'attendaient-ils? On peut juger de notre étonnement quand nous vîmes les femmes revenir à eux, et tous ces grands gaillards, armés, comme toujours, jusqu'aux dents, monter tranquillement sur leur dos et traverser ainsi le torrent à pied sec! Aujourd'hui, ce souvenir me fait sourire, et j'y vois un côté des mœurs de l'Orient. Mais alors j'étais jeune, et je fus pris d'une vraie colère. Je ne pus malheureusement l'exprimer qu'en français et par gestes : ce qui les laissa parfaitement froids, et, quand même ils eussent compris mes paroles, auraient-ils saisi le motif de mon indignation?

Le soir, nous arrivions, après avoir traversé une belle forêt de chênes, au village de Koumani, où notre campement fut établi. Nous avions devant les yeux l'admirable vue de la chaîne de montagnes de l'Olenos.

Le lendemain de notre départ, j'éprouvai à mon réveil une certaine inquiétude : je souffrais d'un mal de tête assez violent, j'avais la peau brûlante. Ayant déjà été atteint d'un léger accès de fièvre, je ne pouvais m'y tromper. J'espérais que, comme la première fois, elle céderait facilement; mais la marche ne fit qu'augmenter le mal : le pas du cheval, que je ne pouvais suivre ou régler, provoquait des secousses douloureuses dans mon front; quelques gorgées d'eau, que je prenais avidement dans les ruisseaux, me rendirent un peu de calme; il fallut cependant descendre de cheval, et je fis à pied presque toute cette journée.

Le lendemain, allant mieux, je pus arriver tant bien que mal à Patras. Je traversai, au bras de Trézel, qui ne me quittait plus depuis que je souffrais, une espèce de rue, où je me rappelle vaguement m'être arrêté un instant avec mon compagnon, devant une boutique dont la fenêtre ouverte laissait voir installé sur la devanture, et presque en dehors un Grec dans la pose du tailleur accroupi, peignant une vierge, façon byzantine. Il était entouré d'autres vierges à l'état d'ébauche, et nos regards un peu indiscrets ne le dérangèrent pas de son travail. N'était-ce pas la tradition, la suite un peu dégénérée de cette époque où l'art n'était qu'un admirable métier, dont les habiles ouvriers ne songeaient pas même à signer de leur nom les œuvres qu'ils produisaient?

La fatigue ne me permit pas de m'arrêter autant que je l'aurais voulu devant ce peintre en plein vent; il eût été curieux sans doute de le questionner sur ses procédés. Mais j'avais hâte de prendre un peu de repos et d'arriver à une espèce de café qui nous avait été indiqué, et où nous pûmes nous installer.

Je ne jetai qu'un coup d'œil sur le rez-de-chaussée. Quelques Grecs y prenaient le café, en fredonnant des chansons de leur voix nasillarde. Mais notre hôtesse me frappa par son air affable et un reste de beauté remarquable : les cheveux noirs, les sourcils comme dessinés au crayon noir, — peut-être l'étaient-ils, — et dans toute sa personne une grâce et une certaine noblesse que j'ai toujours trouvées chez les femmes du Midi, surtout chez celles que l'éducation ou le monde n'avaient pas déformées.

Notre hôtesse s'aperçut tout de suite que j'étais malade et s'empressa de me venir en aide, avec les marques vraiment sincères d'un vif intérêt, dont elle ne cessa pas de me donner des preuves.

La première pensée de mes compagnons fut naturellement de s'adresser à un médecin du régiment français que nous espérions trouver à Patras, le 58ᵉ, dont m'avait parlé Pélissier, et ce fut avec un vrai désappointement qu'ils apprirent que le régiment venait d'embarquer le matin même pour Navarin.

On fit mettre aussitôt une barque à la mer, et l'un de nos soldats fut chargé d'aller prévenir le colonel qu'un membre de la commission arrivait malade à Patras, en le priant d'envoyer le chirurgien-major, s'il en était encore temps. On avait deux heures avant que l'ancre fût levée : la permission fut accordée avec empressement, et je vis bientôt entrer dans ma chambre un aimable et charmant homme, qui me témoigna son vif regret de ne pouvoir me donner ses soins, mais qui put m'examiner à la hâte et donner quelques conseils pour certains accidents qu'il prévoyait.

J'éprouvai un fort serrement de cœur en le voyant s'éloigner. Je sentais mon mal sérieux, et je me voyais seul, livré uniquement aux soins de mes amis, qui étaient dévoués, il est vrai, mais bien inexpérimentés dans un cas aussi grave. Mes réflexions furent très-tristes. Cette vie, ce mouvement que je voyais autour de moi, ce beau ciel même, ne faisaient que les rendre plus amères. J'enviais le sort de ces hommes, dont l'existence cependant n'était peut-être pas souhaitable, mais qui étaient chez eux, dans leur pays, faisant un métier pénible bien souvent, mais sans rien regretter. Et à côté de ces gens qui me paraissaient si heureux, un pauvre diable était couché dans un lit d'auberge, à six cents lieues de son pays, de sa famille, sans pouvoir remuer, ni presque parler, mais avec la faculté encore de penser, et de ne penser qu'à de tristes choses. La force du mal devait m'arracher bien vite à cette douleur, en me faisant tomber dans une prostration complète, où, du moins, j'oubliai.

CHAPITRE XIV.

Maladie. — Départ de Patras.

Le souvenir des sensations que j'éprouvai pendant vingt et un jours passés entre la vie et la mort se réduit à bien peu de chose; mais la rareté même de ces sensations les a plus profondément gravées dans mon esprit.

Les premiers jours ne furent qu'un long cauchemar : ma fièvre était continue, la fièvre décrite par Hippocrate, me dit-on, ce qui ne me rendait pas plus fier pour cela. Le matin seulement, j'éprouvais un vrai sentiment de calme, lorsque le soleil levant venait éclairer le pied de mon lit. A la suite de la nuit, où mes yeux ne s'étaient pas fermés, je sentais le sommeil me gagner, malgré le bruit même qui commençait, malgré le mouvement qui se faisait sous ma fenêtre. Les pêcheurs, en criant le prix de leur marchandise, me causaient une impression agréable, car ils m'annonçaient le moment du repos, et je m'endormais à ces mots si souvent répétés, et qui excitent encore en moi une sensation de bien-être : Πενδε παραδες, πενδε παραδες[1] !

Quelquefois, une espèce d'attendrissement s'emparait de moi à la pensée de mon éloignement de tous ceux que j'aimais, et qui, sans se douter du danger que je courais, vivaient de leur vie habituelle et douce. Parfois, je me trouvais transporté au quai Conti. Je voyais mon père rentrant de l'Institut à l'heure du dîner, de son pas calme et distrait. Les plus petits détails se présentaient à mon esprit, et j'arrivais à une perception, que la fièvre causait peut-être, d'une netteté incroyable. Il me semblait que mon nom, prononcé pendant le dîner, amenait une conversation un peu inquiète. Pendant quelques instants, je m'imaginais être véritablement revenu dans ce milieu si regretté... Mais quand une cause quelcon-

---

[1] Cinq paras, cinq paras !

que, l'entrée de Trézel ou de M. Dubois, me ramenait à la triste réalité, j'avais peine à dissimuler les larmes qui s'échappaient de mes yeux.

Un jour, Trézel m'annonça que deux voyageurs anglais désiraient me voir; ils avaient appris qu'un Français était malade, et ils venaient gracieusement offrir leurs services. Je vis entrer deux hommes d'une distinction parfaite, qui s'approchèrent de mon lit et me questionnèrent avec une évidente sollicitude. Après avoir indiqué le régime et les soins qu'ils avaient vus réussir dans des cas semblables, ils me quittèrent en me donnant bon espoir et en m'assurant de leur prochaine visite. C'étaient deux missionnaires comme l'Angleterre en envoie par tout le monde, et, si j'en peux juger par mes impressions, leur mission doit être toute de consolation. Leur présence seule suffit à me soulager. Je me sentais plus entouré, plus secouru.

Le lendemain de cette visite, une autre surprise m'était réservée : un de nos soldats entra dans ma chambre, tenant deux oranges à la main. Les bons et aimables missionnaires avaient couru tout Patras pour se procurer les deux seules qui s'y trouvassent. On ne peut imaginer la satisfaction, le bonheur que j'eus à mordre dans ces beaux fruits, à sentir cette eau parfumée et fraîche couler sur mes lèvres et sur ma langue desséchée. Mais aussi, que cette pensée toute charmante des deux inconnus me toucha, et que j'en fus reconnaissant! Cependant mes amis m'arrêtèrent dans ma voracité; il fallait économiser ce fruit rare, et j'eus bien de la peine à me rendre à leurs raisons.

Un jour, on m'annonça le départ des bons missionnaires, et cette nouvelle m'attrista; je m'étais attaché à ces deux hommes, que je ne devais plus revoir, dont je ne sais pas même les noms. Ils voulurent me faire leurs adieux : Trézel vint m'en prévenir; mais je sentais que je n'aurais pas la force de les voir sans une émotion trop vive pour mon état de faiblesse, et je priai Trézel de leur dire que je reposais. Ils insistèrent néanmoins. Je les entendis monter sur la pointe du pied. Je feignais de dormir. Ils s'approchèrent de mon lit; l'un d'eux se baissa sur mon front, qu'il embrassa en murmurant une prière, peut-être une bénédiction; puis, tous deux se retirèrent silencieusement, comme ils étaient entrés. Je ne crois pas que des hommes pareils aient jamais pu faire le mal; mais, quoi qu'il en soit, leur séjour à Patras leur comptera, j'en suis sûr.

Cependant ma fièvre continuait toujours, et, livré à moi-même, je me soignai à ma façon, façon bizarre, à laquelle je n'oserais pas attribuer ma guérison. J'essayais un peu de tout. Je me faisais saigner, mettre des sangsues par un barbier grec; j'espérais diminuer l'oppression et la souffrance. Toujours est-il que mon mal n'augmenta point. A propos de sangsues, je dois citer un fait qui pourrait servir en pareille occasion. Ces affreuses bêtes ne mordaient pas; étaient-elles hors d'âge ou hors de service? Mais mon barbier avait un singulier moyen de les exciter : il arrachait une plume à une poule, et m'étendait sur la peau la petite gouttelette que la plume sécrète par le bout; mes sangsues se précipitaient alors avec fureur sur la partie humectée par cette espèce de liquide, et l'effet était immanquable, mais l'exécution longue et embarrassante : je vois encore la poule s'enfuyant d'un côté, les sangsues de l'autre, et, quoique tout le monde voulût bien s'y mettre, cette cérémonie se prolongeait assez longtemps.

J'étais réduit, on le voit, à chercher moi-même des remèdes à mon mal; mais j'obtenais bien difficilement qu'on me permît de recourir à celui dont l'efficacité était pour moi la plus évidente et la plus prompte. On croyait encore, à cette époque, aux graves inconvénients de l'usage de l'eau froide pendant l'accès de fièvre, et ordre était donné à l'excellent soldat qui me veillait de ne pas me laisser satisfaire ces soifs dont j'étais tourmenté pendant la période sèche et brûlante; mais j'avais tellement le sentiment du bien-être que me causerait un verre d'eau, que, par mes prières, mes supplications, je parvenais à attendrir mon garde-malade. Ce brave homme me permettait enfin une gorgée, et, quand j'avais le verre près des lèvres, par un mouvement brusque je l'absorbais en entier. Tout à coup la réaction se faisait, ma peau devenait moite, et l'accès finissait dans une abondante transpiration, qui semblait emporter le mal avec elle. J'ai depuis consulté à ce sujet d'habiles médecins, qui m'ont donné complétement raison. La médecine avait-elle fait alors un progrès, ou n'était-ce qu'une mode nouvelle?

Un jour enfin, presque subitement, je me réveillai dans une espèce de calme et de bien-être que je n'avais pas ressenti depuis bien longtemps. Je respirais librement; ma bouche était fraîche, le goût semblait m'être revenu, et, au grand étonnement, un peu à l'effroi de mes compagnons, je demandai à manger. Ce qu'on m'accorda de nourriture eût fait faire la grimace à un oiseau : il fallut m'en contenter; et pourtant combien j'avais à réparer!

Ce qui fit plus que tout pour mon rétablissement, ce qui me ressuscita, comme disait Trézel, ce fut l'annonce que vint me faire M. Dubois, deux ou trois jours après le mieux que j'avais éprouvé : « Allons, me dit-il, prenez
« des forces au plus vite; nous allons partir...
« Un bâtiment vient d'entrer dans la rade, et,

« quand vous serez prêt, il nous emmènera à « Navarin, et de là vous savez où... »

Il paraît que le peu de sang qui me restait me monta au visage, et que j'eus pendant une seconde l'apparence de la santé. Je me soulevai, et voulus tout de suite essayer mes forces. On me laissa faire, en m'aidant; mais, lorsque, de mon lit où j'étais assis, je me mis droit sur les pieds, un voile noir me couvrit tout à coup la vue, tout sembla tourbillonner autour de moi, et je retombai évanoui. Je me remis cependant, et, après quelques essais timides, je parvins à faire quelques pas. J'étais si heureux, j'aurais si bien voulu montrer que j'étais en état de partir!

Le lendemain seulement, je pus descendre, soutenu par le bon Trézel et par mon soldat. Quelle joie de me trouver en plein air! Comme tout ce que je vis me parut beau, je pourrais dire nouveau! Quel charme à respirer l'air de la mer, les exhalaisons des myrtes et de ces fleurs sauvages, qui n'ont pas une odeur particulière, mais qui, toutes réunies, produisent une si étrange et si douce senteur! Mes promenades, très-courtes d'abord, s'étendirent de plus en plus. La gaieté m'était revenue. Le bâtiment que je voyais se balancer à l'horizon ajoutait encore à ma joie. Aussi M. Dubois crut-il pouvoir me faire admirer, pendant une de ces promenades, un petit réduit charmant, tout plein de lauriers-roses, au pied desquels coulait un ruisseau. « Un emplacement tout trouvé! me « dit-il en riant. C'est l'endroit que nous avions « choisi... — Vous ne pouviez pas mieux faire « les choses, lui répondis-je sur le même ton; « mais j'aime mieux attendre, je ne suis pas « pressé... » J'étais donc bien guéri, pour plaisanter sur un pareil sujet.

Quelques jours après, je pus serrer la main de la bonne hôtesse, dont les soins m'avaient vivement touché, et, M. Dubois et moi, nous nous embarquâmes pour aller retrouver à Navarin la frégate *la Vénus,* qui devait nous ramener en France. Trézel ne nous accompagna pas; il voulait continuer encore son voyage et tenter de voir, au moins de loin, Athènes, sinon y entrer. Nous nous fîmes donc de tendres adieux, et j'espère, dans ce dernier embrassement, lui avoir fait comprendre toute ma reconnaissance.

CHAPITRE XV.

Rentrée en France. — Quarantaine à Marseille. — Lettres de ma sœur. — Guérison et retour. — Nouvelles de Grèce.

La traversée jusqu'à Navarin fut rapide, et nous fûmes reçus à merveille par les officiers qui y séjournaient encore. Le payeur de l'armée, surtout, le bon et excellent M. Fabreguette, que des liens d'amitié unissaient à ma famille, m'accueillit avec toutes les marques de la plus vive affection; mais l'inquiétude que lui avaient causée les récits de ma maladie lui avait fait faire auprès d'un de mes oncles une démarche qui jeta le plus grand trouble dans ma famille, comme on va le voir par la lettre que je reçus de ma sœur à mon arrivée à Marseille.

« Samedi 22 août.

« Mon Amaury, tu nous es rendu! Mon
« enfant chéri, tu es en France, je te verrai

« bientôt! Si tu pouvais voir le bonheur que
« j'éprouve et la joie que j'ai de ce retour, tu
« serais heureux. Cher enfant, sais-tu que j'ai
« été des premières informée de ta maladie?
« Conçois-tu alors mon désespoir et les tour-
« ments que j'ai eus? M. Fabreguette, par un
« excès de zèle et de chagrin, a écrit à mon
« oncle Guyet, et mon oncle, au reçu de sa lettre,
« sans consulter personne, est arrivé chez moi,
« me donnant plus que la mort, puisque je
« devais rester des jours entiers dans l'horrible
« état qu'il m'a causé. Méchant frère, pourquoi
« t'aimé-je tant? Pourquoi aurais-je mieux
« aimé mourir moi-même que de te savoir ma-
« lade, et malade en Morée? Ah! rien n'est
« comparable à ce que j'ai éprouvé. Je ne vou-
« drais pas, pour tout au monde, passer encore
« trois jours pareils. Tu me connais, tu sais
« combien je t'aime, combien tu m'es néces-
« saire. Je t'ai cru perdu, et j'ai été folle un
« moment. La lettre [1] qui m'a appris ton réta-

---

[1] *Lettre de M. Fabreguette à M. Guyet*, au Courrier français.

« Mon cher Guyet, réjouissez-vous. Amaury Duval est
« entièrement hors d'affaire. Vous le voyez par la lettre

« blissement, et que je n'ai pu lire, parce que
« j'ai eu la bêtise de me trouver mal sans con-
« naissance en la recevant, m'a remis un peu la
« tête et le cœur ; mais tu demanderas à la
« bonne madame Dubois quelle valse je lui ai

« que je reçois seulement à l'instant, et que je m'empresse
« de vous envoyer avec un plaisir que vous croirez aisé-
« ment. Bailly avait bien raison de ne pas croire à une
« affection de poitrine. M. Dubois s'était trop promptement
« alarmé à cet égard. Enfin, nous voilà tranquilles. Il y a
« à Patras, indépendamment de plusieurs bâtiments de
« transport, la frégate *la Vénus,* qui ne peut tarder à re-
« venir, et, comme elle part pour la France aussitôt son
« retour, elle pourra non-seulement porter votre neveu ici,
« mais même à Toulon. C'est ce que m'a promis le capitaine
« Billard, que j'ai été voir exprès au moment où j'ai su qu'il
« mettait à la voile pour Patras et Lépante. Le chef de ba-
« taillon Barthélemy, chargé de la mission, m'a dit qu'il
« ne le laisserait pas oublier au capitaine.

« Je suis bien heureux, mon cher ami, d'avoir à vous
« annoncer une aussi bonne nouvelle, et j'ai presque du
« regret de vous avoir effrayé comme je l'ai fait ; mais j'ai
« cru le devoir, car une certitude aussi affreuse, sans pré-
« paration, vous aurait fait trop de mal.

« Bory Saint-Vincent est arrivé à Napoli-di-Romani,
« seul, pour chercher un médecin, ayant laissé ses quatre
« collègues à Napoli-di-Malvoisie, si malades qu'il déses-
« pérait de deux. J'ignore absolument quels sont ces deux
« pauvres malades désespérés. Ne parlez donc de rien,
« dans votre journal surtout. . . . .
. . . .

« Fabreguette. »

« fait faire dans le salon quand elle m'a dit
« que tu étais mieux. J'ai voulu partir pour la
« Grèce, et je veux t'aller trouver à Marseille.
« Tu n'as qu'un mot à dire, et tu me vois. Si la
« quarantaine est longue, si tu es en convales-
« cence et qu'il te faille des soins, je t'en sup-
« plie : écris-le, et je pars. Les voyages ne sont
« rien pour moi, et surtout quand il s'agit
« d'aller soigner un frère chéri. Un petit signe,
« et je suis au lazaret.

« Je n'ai dit à notre père que ce qu'il fallait
« pour ne pas le désespérer : juge de mon état;
« je n'y tenais pas, je mourais à toutes les
« minutes; mais, aujourd'hui que je suis sûre
« que tu es mieux, je commence à me déten-
« dre, à pleurer, à embrasser tout le monde.
« Et ce bon M. Trézel; en voilà un que je vou-
« drais embrasser! Voilà de l'amitié, du cœur!
« Qu'il me tarde de le voir! Et cette bonne
« madame Dubois, comme elle a pris part à ta
« maladie! comme elle était malheureuse qu'on
« m'en eût instruite! Il est sûr que c'était cruel.
« Enfin, c'est fait. Je t'écrirai poste restante, si
« tu ne me dis pas d'aller te trouver; mais, je

« t'en prie, si tu n'es pas tout à fait bien, écris-
« le, et tu seras bientôt embrassé, soigné,
« chéri, adoré par la plus tendre des sœurs.

« EMMA.

« Papa, mes tantes, mon Isaure, jusqu'à
« Mazure[1], ont partagé mes tourments et te
« comblent de tendresses. »

Je reçus cette lettre au lazaret, où nous venions d'être installés, M. Dubois et moi. La pensée que j'étais en France, que ma sœur venait me chercher, comme me l'apprit la lettre suivante, me permit de supporter avec assez de courage l'ennuyeuse et horrible vie qu'on mène en ces endroits, et j'attendis avec moins d'impatience le moment de la délivrance.

« Lyon, jeudi 3 septembre.

« Cher frère, je suis à Lyon, et je pars cette
« nuit, à quatre heures du matin, pour aller te
« soigner. Tu me verras sûrement dimanche, et
« je me fais un vrai bonheur de t'embrasser.
« Mais, scélérat, je suis bien lasse! J'ai déjà

[1] Notre portier du quai Conti.

« passé trois nuits en route; deux encore pour
« aller te rejoindre, c'est beaucoup pour moi.
« Mais que ne peut la tendresse fraternelle! Je
« crois, par ma présence, te rendre la santé,
« et je n'ai pas hésité.

« A bientôt, cher, pour ne plus nous quitter
« et te donner, par ma vive affection, la force
« de revenir à Paris. Je t'embrasse, ainsi que
« M. Dubois.

« Emma. »

En même temps, ma sœur écrivait à notre père :

« Mon bon père, j'arrive après trois nuits
« sans sommeil et quatre jours de route, exté-
« nuée, à Lyon. Mais enfin j'y suis, et je m'em-
« presse de te rassurer. Vendredi, à quatre
« heures du matin, je pars pour Marseille;
« encore deux nuits! J'en frémis... Vraiment,
« je me trouve du courage; pour ne pas le
« perdre, je suis obligée de fermer les yeux et
« de ne pas penser. Comment trouverai-je ce
« pauvre enfant? Voilà ce qui m'occupe trop.

« La poste part. Adieu ; je t'écrirai en arrivant
« à Marseille.

« Emma. »

« Lundi 8 septembre.

« Enfin, je vois Amaury ! Il arrive du laza-
« ret, et je peux le soigner, mon bon père. Il
« est mieux que je ne m'y attendais, mais pâle,
« mais faible, bien changé certainement. Cepen-
« dant le médecin assure que, dans huit jours,
« il ne sera plus reconnaissable, et je le crois,
« parce qu'il ne faut que des soins, et il en a
« manqué dans cette déserte Morée. La joie de
« me revoir l'a déjà remis ; mais je le tiens sévè-
« rement. Il meurt de faim, et il faut du ré-
« gime. Nous sommes au mieux chez le frère
« de madame Lacoste, une maison presque à la
« campagne, gaie, charmante, à nous seuls
« pour ainsi dire. Joseph nous fait la cuisine.
« Je ne pouvais rien désirer de mieux. Mais je
« t'écrirai tout cela plus en détail, parce que,
« tout entière à mon frère, je n'ai pas une
« minute aujourd'hui.

« Adieu, cher bon père; je te ramènerai
« notre enfant heureux de te revoir et bien
« portant. Mille tendresses.

« Emma.

« Je ne te parle pas de moi, de ma fatigue,
« de la peine que j'ai eue! Quel voyage! J'ai
« fait une chute du haut de la diligence en
« bas. On me soignera demain ou après; mais
« ce n'est rien, j'espère.

« Notre adresse : chez le commandant Le-
« monnier, 9, cours Gouffé. »

Mes forces revenaient; je me sentais capable d'entreprendre ce long trajet : notre départ fut décidé. Un hasard heureux nous fit trouver à Marseille une excellente voiture de *retour;* elle appartenait à la maison Rothschild : c'est tout dire, et je quittai Marseille vers le milieu du mois de septembre. De Lyon, ma sœur écrivit à mon père la lettre qui suit :

« Lyon, 21 septembre.

« Cher bon père, après quatre jours de route
« à petites journées, nous sommes arrivés ici

« en très-bonne santé. Amaury a supérieure-
« ment supporté la route, et j'espère te le rame-
« ner plus fort et bien portant. Nous étions
« comme de vrais princes dans notre calèche;
« le malheur est que nous ne puissions pas la
« garder jusqu'à Paris. J'ai peur que les trois
« nuits à passer ne fatiguent beaucoup notre
« malade. Nous quitterons Lyon mercredi ma-
« tin, nous serons le soir à Chalon, et sûrement
« vendredi ou samedi à Paris. Fais préparer
« la chambre pour Amaury, passer le grand
« canapé dans ton cabinet. Tâche que ma fille
« se trouve là à mon arrivée, ainsi que mes
« tantes; mais que personne ne vienne aux voi-
« tures, d'abord parce que nous ne savons pas
« l'heure à laquelle nous arriverons.

« Il est inouï combien le voyage a fait de
« bien à Amaury; c'est lui qui m'a soignée en
« route, car j'ai pris un rhume violent et la
« fièvre; je l'ai même encore. Mais qu'importe!
« il faut arriver à Paris. Nous avons eu des
« temps horribles tout le long de la route; le
« Rhône débordé, impossible de passer; la
« Sorgues, la Durance, l'Isère, tout cela par

« voies et par chemins. Je n'ai pas vu de spec-
« tacle plus effrayant : des champs entiers de-
« venus des lacs. C'était superbe, mais affreux
« pour des voyageurs.

« Adieu, cher bon père; prépare-toi à nous
« bien recevoir. Nous t'embrassons tous deux.

« Emma.

« P. S. — Je prie *Monsieur Duval* de ne point
« ouvrir les lettres qui pourraient venir à mon
« adresse. Entendez-vous, monsieur? Votre
« curiosité va bien souffrir. Comme je n'at-
« tends plus de lettres d'Amaury, rien ne peut
« vous intéresser dans ma correspondance. »

Un arrangement fait à Lyon avec le correspondant de la maison Rothschild nous permit, heureusement, de conserver jusqu'à Paris notre excellente voiture.

Ce voyage à petites journées, fait dans les meilleures conditions possibles, contribua à me rendre un peu de mes forces si ébranlées; mais c'est surtout la joie intérieure que je ressentais d'approcher, à chaque tour de roue, du but si ardemment souhaité, qui me donnait une apparence de santé presque complète.

Faut-il dire mon émotion quand je fus en vue de Paris, quand j'aperçus tout à coup à l'horizon la silhouette de ses édifices?... Tout le monde a passé par ces joies du retour; mais tout le monde n'est peut-être pas revenu de si loin, dans toutes les acceptions du mot. Aussi, après avoir tourné le coin de la rue Dauphine, quand je vis tout à coup notre maison du quai Conti, que la Monnaie m'avait cachée un instant, et, à notre fenêtre, mon père, une lunette à la main, attendant probablement depuis de longues heures, je sautai, plutôt que je ne descendis de la voiture, avant qu'elle fût même arrêtée, et, ce que je ne puis comprendre encore, je trouvai assez de force pour monter quatre étages pendant le temps que mon père mit à en descendre un seul. Ce fut sur l'escalier qu'il me tendit les bras.

Cette surexcitation fut de courte durée. Le soir, je fus pris d'un violent accès de fièvre, qui me fit comprendre que je n'étais pas complétement guéri. Je dois ajouter que j'ai ressenti toute ma vie, à des intervalles plus ou moins rapprochés, des atteintes de cette cruelle maladie.

Quelque temps après mon arrivée, je reçus, ainsi que ma sœur, des lettres de l'excellent M. Fabreguette. Elles me mirent au courant de la situation de mes amis et de ceux de mes collègues qui avaient pu résister plus longtemps que moi.

Comme les auteurs qui, dans le dernier chapitre de leur roman, achèvent en peu de mots l'histoire de tous les personnages qu'ils ont mis en scène, je crois ne pouvoir mieux faire que de donner ici les lettres de M. Fabreguette.

« Modon.

« Eh bien! mon pauvre Amaury, comment
« vous a traité la *Vénus?* Êtes-vous arrivé à
« bon port au lazaret? C'est ce qu'il me tarde
« bien d'apprendre, et ce que vous n'avez pas
« manqué, j'espère, de me faire savoir dès
« votre installation en quarantaine.

« Votre alcôve, chez moi, n'a pas été long-
« temps vide. Cinq ou six jours après, Bacuet y

« est venu soigner sa convalescence. Quel pays
« que la Grèce pour mettre à la raison les con-
« stitutions les plus fortes! Ce pauvre Bacuet,
« qui était si frais, si fort, il fallait le voir à son
« arrivée à Modon; c'était dans votre genre.
« Mais, après être resté le temps de se reposer,
« il part sur ses jambes. Delaunay, arrivé le
« même jour et plus faible encore, n'a pas tout
« à fait aussi bien repris. Il habitait aussi l'hô-
« pital Fabreguette; je l'avais installé dans la
« grande chambre où je couchais quand vous
« étiez chez moi, et, Giorgi étant libre, je le lui
« avais donné pour le servir. Delaunay était,
« à son départ, à peu près aussi faible que vous
« l'étiez. C'est le *Rhinocéros* qui les porte. Ce
« bâtiment marche bien doucement; mais le
« capitaine est le meilleur des amphibies de
« l'escadre, et j'espère que ces messieurs seront
« bien. Le commandant leur a promis d'essayer
« de relâcher à Tunis.

« De Gournay, qui était venu de Napoli assez
« bien portant, est parti depuis huit jours sur
« le *Faune;* il doit être maintenant bien secoué,
« car la mer est fort grosse.

« Nous n'avons pas de nouvelles de Bory
« Saint-Vincent, depuis qu'il est parti pour
« les îles. Il était accompagné de MM. Virlet,
« Brulé, Pector et Despréaux, et des architectes
« Blouet, Ravoisié et Poirot; s'ils apprennent à
« Syra le changement de ministère, ils se hâte-
« ront sans doute de retourner en France, voir
« ce qui s'y passe.

« Ce pauvre Trézel, qui s'était bien porté
« jusqu'ici, est tombé malade à Corinthe; son
« frère le général m'a écrit qu'il allait le cher-
« cher avec Bailly; nous saurons peut-être
« aujourd'hui comment ils l'auront trouvé.

« Point de nouvelles de Vietty, qui vole de
« ses propres ailes. Je tremble toujours qu'on
« ne le trouve mort dans quelque fossé. Quelle
« tête!

« Quant à moi, mon pauvre Amaury, depuis
« que vous êtes parti, je n'ai pas quitté ma
« maison. Il m'est venu à la jambe un érysipèle,
« qui m'a fait horriblement souffrir, et, à peu
« près au milieu de mon traitement, ne m'est-
« il pas arrivé un accès de fièvre des plus vio-
« lents! Il m'a duré quatorze heures. Je me suis

« mis en colère et je l'ai traité rudement : le
« premier jour, un barbier grec m'a tiré deux
« grands verres de sang; le lendemain, j'ai mis
« vingt-cinq sangsues, et, sans un grain de qui-
« nine, mon accès n'a pas reparu. Vous voyez
« que je sais comment m'y prendre pour en
« finir. Cette maudite maladie m'aurait rendu
« bien malheureux dans mon ancien logement.
« Mais où je suis maintenant, je n'ai pas besoin
« de sortir, tant la mer est belle de ma galerie.
« D'ailleurs, je soignais mes pauvres amis, et
« l'on venait nous voir ce qui fait que le temps
« a passé encore assez vite.

« Adieu, mon cher Amaury; donnez-moi de
« vos nouvelles, et des nouvelles le plus souvent
« que vous pourrez; ayez pitié de nous.....

« Fabreguette. »

A ma sœur, il écrivait :

« Navarin, 20 octobre 1829.

« Que vous êtes bonne, chère Madame, de
« me remercier comme vous le faites des soins
« que j'ai été assez heureux pour donner à

« votre pauvre frère! J'aurais été bien plus
« heureux encore qu'il n'en eût pas besoin.
« N'ai-je pas été assez payé du peu de peine
« que j'ai eu à prendre, par l'affection de ce
« cher jeune homme? Votre lettre me donne
« de ses nouvelles, et je vous en remercie sin-
« cèrement, tout en regrettant qu'elles ne soient
« pas aussi bonnes que je l'espérais.....

« Vous voulez bien me considérer comme à
« moitié médecin et me consulter sur la fièvre
« qui désole encore votre frère. Je voudrais
« bien l'être, et avoir surtout autant d'habileté
« que notre sauveur Bailly; vous seriez bientôt
« exempte de toute espèce d'inquiétude; mais,
« hélas! je suis un pauvre ignorant, et toute
« ma science consiste à donner un peu de cou-
« rage à nos malades et à leur prouver, par
« mon exemple, qu'il ne faut jamais se laisser
« abattre, car, dans ces sortes de maladies,
« c'est surtout l'affection morale qu'il faut atta-
« quer. J'en ai tant vu revenir de bien loin,
« qu'il m'est prouvé que, lorsqu'on a résisté aux
« premiers accès, la maladie ne se termine ja-
« mais d'une manière tragique. Le médecin de

« Marseille avait raison de préférer l'intermit-
« tence à la continuité, et le retour quotidien
« serait également ici un meilleur symptôme
« qu'un retour à des époques moins rappro-
« chées. Qu'oserais-je dire après les maîtres
« en l'art de guérir que vous devez consulter
« à Paris? Que le régime végétal le plus strict
« (sans bouillon de viande) est le meilleur; que
« le sulfate de quinine, en n'en abusant pas,
« ne peut produire les fâcheux résultats que
« vous craignez sur les voies digestives; qu'en-
« fin la distraction, l'absence de toute espèce
« de travail doivent amener une guérison
« complète, sinon prompte, car on languit
« longtemps par suite des fièvres intermit-
« tentes.....

« Vous voulez bien me promettre d'aller
« voir ma pauvre femme; je vous en aurai une
« vive reconnaissance. Elle aura bien du plai-
« sir à vous voir, surtout si votre frère est
« rétabli. Elle a été aussi bien tourmentée pour
« moi. Priez Amaury de lui parler longuement
« de Modon et de lui donner beaucoup de
« détails sur la triste vie que j'y mène; mais

« qu'il la rassure sur ma santé, car je suis à
« peu près acclimaté, et d'ailleurs à l'abri de
« toute crainte par l'organisation morale dont
« le ciel m'a doué : ce qui ne m'empêche pas,
« vous le comprenez, de trouver qu'il est bien
« dur d'être séparé de tout ce qui m'est cher.

« Amaury m'a promis d'embrasser pour moi
« ma bonne petite fille; rappelez-lui sa pro-
« messe. Quand il aura repris ses forces, dites-
« lui bien qu'il m'écrive, et engagez-le à ne
« jamais douter de l'intérêt que, de loin comme
« de près, je prends toujours à lui et à tout ce
« qui le touche.

« Vous ne vous attendez pas, sans doute,
« Madame, à trouver dans ma lettre des nou-
« velles politiques. Quoique Sultan Mamouth
« soit un personnage très-dramatique, je ne
« vous entretiendrai pas de ce qu'on appelle
« pompeusement les *affaires d'Orient*. Je vous
« dirai donc seulement que nous avons l'espoir
« de sortir bientôt de l'insipide calme dans
« lequel nous vivons, et qu'on nous promet de
« nous conduire bientôt à Athènes, non pour la
« conquérir, mais pour la délivrer. Les Turcs,

« forcés par la paix de l'abandonner aux Grecs,
« ne veulent la remettre qu'au pavillon fran-
« çais. On nous doit bien ce dédommagement.
« Au reste, le colonel Bory Saint-Vincent
« m'écrit qu'il vient de jouir du bonheur de
« voir cette ville célèbre, dont le pacha Iussuf
« lui a fait les honneurs avec une grâce toute
« française.

« Dites, je vous prie, à Amaury que j'at-
« tends au premier jour Bory et Virlet, et que
« MM. Blouet, Poirot et Ravoisié, qui ont par-
« couru l'archipel avec le colonel Bory, sont
« en route pour Modon, en passant par la
« Corinthie, l'Achaïe et l'Élide. Quant à ce
« sauvage de Vietty, il était ici la semaine der-
« nière. Une fois ses poches pleines, il est parti
« pour Égine, où il doit trouver Trézel et ren-
« trer au quartier général, pour partir pour la
« France. Je suis, comme vous le voyez, fort
« au courant de ce que font tous ces messieurs,
« étant dépositaire de leur argent, de leurs
« lettres et de leurs bagages. C'est, au talent
« près, comme si je faisais partie de l'expédi-
« tion.

« Adieu, Madame; dites à Amaury que je
« l'embrasse tendrement, et recevez l'assurance
« des sentiments respectueux que je vous ai
« voués.

« A. Fabreguette. »

ÉPILOGUE.

La révolution de Juillet vue de ma fenêtre. — Retour
de fortune.

Je passai assez tristement l'année qui suivit mon retour. La fièvre ne me quittait quelques jours que pour revenir plus forte, et toujours au moment où j'aurais désiré être bien portant et libre. Que de charmantes réunions d'amis il me fallut manquer à cause de ces accès qui me prenaient au moment de partir, et dont peut-être la préoccupation et l'émotion hâtaient le retour!

Je pouvais cependant, quand j'en étais délivré, aller faire quelques études dans l'atelier de M. Ingres, où je trouvai de nouveaux arrivés, et non pas des moins célèbres : les deux Flandrin, Lehmann, un jeune et charmant garçon, Alexandre Lafond, dont je ne puis attribuer le peu de notoriété qu'à une certaine timidité, presque à de la sauvagerie, car son talent très-original ne prenait des leçons du maître que ce qui convenait à son tempérament un peu fougueux. Je l'ai perdu de vue; mais j'ai toujours suivi ses œuvres avec intérêt, et je suis heureux de lui témoigner ici combien j'étais frappé de leur mérite.

Mon état de maladie presque continu nuisit beaucoup à mes progrès, je n'en doute pas, en me laissant trop souvent livré à moi-même, sans conseils, et dans l'impossibilité d'exercer ma main, ce qui est un des côtés les plus utiles de notre art; mon cerveau travaillait seul, et j'entreprenais des travaux que je n'étais pas matériellement en état de mener à bonne fin. Mais quel frein opposer à l'ardeur trop ambitieuse d'un jeune homme de vingt ans?

Je puis ajouter aussi que les vagues rumeurs de la rue n'étaient pas sans quelque influence sur moi. L'orage approchait lentement, mais il approchait : les hommes politiques qui venaient à la maison en présageaient l'explosion prochaine, et bientôt j'assistai de ma fenêtre, — car nous demeurions toujours sur le quai

Conti, en face du Louvre [1], — à cette révolution fameuse qui éclata le 27 juillet 1830.

J'étais bien jeune : j'avais encore les souvenirs du collége, où l'esprit de révolte est permanent, où je m'étais même exercé à certaines petites émeutes et à des ébauches de barricades : si bien que je vis les véritables barricades, les terribles émeutes, presque avec plaisir, certainement avec curiosité.

« Vive la Charte! » Quelle drôle de chose! J'aurais presque crié cela comme les autres, et, comme les autres, je ne savais pas ce que c'était.

Violer la Charte! Grands Dieux! quel crime abominable! Mais je ne le comprenais pas très-bien, et cela me rappelle ce mot si comique et si caractéristique de l'homme du peuple qui, après les trois journées, rentre en son taudis, noir de poudre.

« D'où viens-tu? lui dit sa femme en l'in-

---

[1] Notre maison était contiguë à celle qu'on a récemment reconnue pour avoir abrité souvent Napoléon Ier, dans sa jeunesse. Plus tard, mon excellente amie mademoiselle Louise Bertin est venue habiter l'entre-sol de notre n° 15, et elle y est restée jusqu'à sa mort.

vectivant; on en a fait de belles pendant ton absence... On a chassé le Roi!...

— Ah! malheur! » répondit l'homme du peuple, qui s'était battu trois jours pour cela.

Je crois que bien des gens en savaient plus que lui là-dessus; mais ceux-là ne se battaient pas.

Je suis vieux, et l'âge a modifié mes idées. J'ai vu d'autres révolutions, et j'ai toujours cherché en vain le résultat que les hommes politiques apprécient dans ces bouleversements. J'ai vu beaucoup d'ambitieux que leur audace, leur aplomb, leur outrecuidance faisaient parvenir à leurs fins; je n'ai jamais vu le peuple, qui fait à lui seul la grosse besogne, en retirer grand avantage. Enfin, j'ai conclu qu'Alphonse Karr avait dit le mot vrai, comme toujours du reste : « Plus ça change, plus c'est la même chose. »

Moi, qui ne me sentais pas esclave, qui n'ai par conséquent jamais éprouvé le moindre soulagement à être débarrassé de mes prétendues chaînes, je serais peut-être suspect aux yeux de bien des gens en exprimant une opinion personnelle. J'aime donc mieux m'abstenir de tout commentaire sur cette révolution et suivre simplement les notes que je prenais chaque soir, d'une façon malheureusement bien incomplète, mais exacte, et je ne dirai que ce que j'ai vu.

Le lundi 26 juillet, le bruit d'un coup d'État agita tout Paris. On parlait d'un article de la Charte que la cour voulait annuler, et qui concernait, je crois, la presse : ce qui aurait dû m'éclairer. Il ne faut pas, à ce qu'il paraît, toucher à cette liberté-là. « Vive la liberté de la presse! » Était-ce l'opinion du peuple? je n'en jurerais pas; mais enfin il était décidé à se faire tuer pour la défendre.

Le mardi 27, l'agitation dans Paris commença à prendre des proportions sérieuses. Les journaux étaient lus à haute voix dans le jardin du Palais-Royal, faible imitation de Camille Desmoulins. A sept heures du soir, les troupes commencèrent à échanger des coups de fusil avec le peuple.

J'avais pu traverser la Seine ce jour-là, et

je dînais chez un de mes amis, dont la mère, qui demeurait, comme moi, de l'autre côté de l'eau, ne pouvait, à l'âge avancé où elle était, revenir seule; je me chargeai avec plaisir de la ramener chez elle. Des barricades commençaient à couper les rues. Des hommes du peuple, armés de fusils, passaient silencieusement dans l'ombre, et les feux allumés par les troupes, au milieu de la nuit, produisaient un effet sinistre que je me rappelle encore. J'arrivai enfin chez moi, après avoir reconduit sans accident la mère de mon ami, et j'y trouvai madame Damoreau et une de ses amies, madame Sallard, qui restèrent à coucher, sur ce que je leur racontai de l'état des rues de Paris. A trois heures du matin seulement, la fusillade cessa.

Le lendemain 28, je pus aller savoir des nouvelles de Damoreau et le rassurer sur le compte de sa femme. Pas une âme dans les rues; les boutiques fermées, un silence effrayant; seulement, près de la rue de l'Échelle, la garde royale, la troupe de ligne, et de l'autre côté le peuple et la garde nationale, qui s'était levée à peu près en costume et paraissait se disposer à la lutte. Mais tout était encore assez calme. Je pus revenir à la maison, où je trouvai tout le monde dans une vive inquiétude, car le feu venait de recommencer; le canon grondait, et Paris paraissait en pleine guerre, surtout du côté du Louvre. Nous voyions passer sous nos fenêtres des charrettes de blessés, et, au bout du pont Neuf, des escadrons de cuirassiers revenaient au galop du Châtelet, avec beaucoup de chevaux sans cavaliers. La déroute de ces hommes bardés d'armures de fer brillant au soleil était d'un effet des plus saisissants. Bientôt le feu s'organisa entre notre quai et l'autre, et nous vîmes s'avancer du côté de la porte du Louvre une pièce de canon, qui fut braquée sur l'Institut. La partie du pont des Arts que nous pouvions apercevoir de nos fenêtres fut en un instant tout à fait dégarnie, et la pièce, à laquelle je vis mettre le feu, n'atteignit que la façade de l'Institut, qui en conserva longtemps les traces.

La nuit arriva enfin; mais le feu continua. Le lendemain 29, ma sœur vit arriver chez elle, dès le matin, Alexandre Dumas, noir de poudre et demandant quoi que ce fût à manger. Il était depuis la veille près de l'Institut, à tirer sur le Louvre, et se trouvait épuisé. Je ne le vis pas : fatigué de toutes ces émotions, j'étais repris de la fièvre, et je gardais le lit. Ma sœur lui fit servir une grande tasse de café au lait, qu'il dévora, tout en jetant un regard de côté sur le Louvre.

« Savez-vous que ce serait une place excel« lente? » dit-il à ma sœur, épouvantée, qui s'écria :

« Jamais de la vie je n'y consentirai; je ne « veux pas faire de notre maison un point de « mire. »

Enfin, il s'en alla, jetant toujours un regard de regret sur un poste si favorable pour faire le coup de feu.

Il a raconté cet épisode dans ses *Mémoires*, mais ne s'est pas rappelé l'idée stratégique qu'il avait eue, et que ma sœur me raconta quand la curiosité me fit me lever malgré ma fièvre. Je vis alors de nos fenêtres des hommes du peuple, placés en tirailleurs sous les jardins de l'Infante, qui les protégeaient, sortir de temps en temps de leur abri et tirer sur les Suisses enfermés dans le Louvre. Un d'eux s'éloigna trop, imprudemment : il fut tué, et aussitôt enlevé par ses camarades. Un moment après, un autre homme, conduisant un cheval par la bride et venant des Tuileries, passe devant la porte du Louvre, est mis en joue par une vingtaine de Suisses, et tombe mort, criblé de balles ; le cheval reste sur place d'abord, fait ensuite quelques pas, tombe, se relève un peu, et retombe enfin sans mouvement. Je vis alors, scène touchante, les autres combattants se précipiter pour relever le cadavre du mort, un inconnu peut-être pour eux. Ils s'avancèrent après s'être procuré des cordes en vue de l'emporter : une décharge les obligea à reculer ; un d'eux enfin, sans armes, affronta le feu du Louvre et attacha la corde, que ses amis tirèrent à eux. Il ne fut pas atteint ; mais, son chapeau ayant été renversé, il le ramassa, prit des pierres pour les lancer dans les croisées du Louvre, et figura un geste de gamin de Paris en tournant le dos aux Suisses. Nous ne respirions pas pendant cette scène, qui, heureusement, dura peu. Quant au cheval, il resta quelques jours au bout du pont des Arts.

Enfin, la garde nationale et une masse de peuple se portèrent vers la grille qui fait face au pont. Un jeune homme grimpa sur cette grille, au milieu des feux qui se croisaient. Trouva-t-il le moyen d'ouvrir la porte, ou bien les Suisses s'étaient-ils réfugiés dans les salles du haut? Toujours est-il que la porte s'ouvrit comme sous la pression de la foule. Les Tuileries ne tardèrent pas à être prises, car nous vîmes, un moment après, le drapeau tricolore flotter sur le pavillon du milieu.

Nous apprîmes qu'un gouvernement provisoire était établi. Le feu avait cessé de toutes parts, tout était apaisé, et, le soir, la ville entière s'illumina.

Le lendemain, Alexandre Dumas vint me voir et m'apprit, avec joie et exaltation, qu'il était chargé par le général Lafayette d'aller chercher des munitions à Soissons. Il croyait me trouver en état de l'accompagner; il comprit à ma mine que j'étais incapable de l'aider en quoi que ce fût, et choisit pour compagnon un autre artiste, mon camarade d'atelier Bard. Cette mission me parut, à moi, un peu tardive, puisque tout était terminé. Avait-on l'idée de suivre le Roi détrôné, qui gagnait Cherbourg lentement et avec dignité? Je n'ai jamais su l'intention du général Lafayette, et d'ailleurs n'ai pas cherché à la connaître.

Le 31, j'allai chez madame Damoreau, où je trouvai Adolphe Nourrit, qui nous apprit que le duc d'Orléans avait accepté la lieutenance générale du royaume. Comme il y a toujours à Paris un côté gai, je ne pus m'empêcher de rire beaucoup en entendant, pendant que je revenais chez moi, un gamin dire à un gendarme : « Ne m'approchez pas tant, gendarme; vous sentez l'ail ! »

Je fus arrêté près du Louvre par la foule qui attendait le duc d'Orléans. Un moment après, en effet, je le vis passer seul à cheval, suivi des députés, quelques-uns, entre autres Benjamin Constant, impotents et portés en litière. Deux rangées d'hommes se tenant par la main faisaient une chaîne qui laissait libre la chaussée du quai du Louvre. Le prince se rendait à l'Hôtel de Ville, au milieu de bruyantes acclamations.

Les théâtres, pendant quelque temps, donnèrent des représentations au bénéfice des blessés et des veuves, et toutes les pièces finissaient par l'inévitable *Parisienne.* Nourrit luimême parut aux Variétés habillé en garde national, un drapeau tricolore à la main, et chanta l'air populaire. J'assistai aussi à la représentation de l'Opéra, le 25 août. Le nouveau roi, — car je n'ai pas dit que le duc d'Orléans avait été proclamé roi des Français, — était présent, dans une loge installée de face, audessus de l'amphithéâtre; toute sa famille à ses côtés. On donnait la *Muette de Portici.* Le duo « Amour sacré de la patrie! » produisit un effet énorme sur cette salle comble. Mais quand, à la fin d'un acte, tous les acteurs et la figuration, brandissant des drapeaux tricolores, entourèrent Nourrit, qui entonna la *Marseillaise,* ce fut un enthousiasme inouï; et lorsqu'il chanta le couplet « Liberté chérie! » un genou en terre, le Roi se leva, ainsi que toute sa famille et que le public entier, qui couvrit ce couplet d'unanimes applaudissements.

Allions-nous être tranquilles? Tout était-il fini, et tout le monde content? On eût pu le croire. La suite prouva qu'on s'était encore trompé.

Je rentrai, moi, dans mon humble atelier : j'étudiai autant que me le permettait ma santé; mais je fus souvent troublé par cette sinistre nouvelle, répétée à chaque instant, qu'on avait tiré sur le Roi. Si j'avais eu le moindre goût pour la politique, tant d'infamies auraient suffi pour me le faire perdre entièrement. Je plaignais ceux qui étaient chargés de gouverner le peuple français, ou ceux qui conservaient l'espérance d'y parvenir.

Je me jetai à corps perdu dans mes études favorites des œuvres des maîtres, que j'appréciais davantage à mesure que je comprenais mieux, et, sentant le besoin de m'éloigner d'un centre si agité et turbulent, ma pensée unique se porta vers l'Italie, où le commerce des grands génies, tranquilles dans leur gloire, à l'abri des bruits malsains de la politique, me maintiendrait dans une sphère élevée et pure.

Avant que ce bonheur me fût accordé, un événement survint, qui fut pour toute ma famille le calme après l'orage, le bonheur après les soucis journaliers.

On a pu juger, par les lettres de ma sœur et par les faits que j'ai racontés de sa vie, l'esprit, le dévouement, le courage qu'elle ne cessait de montrer; j'ai dit les travaux pénibles devant lesquels elle ne reculait jamais, mais j'ai oublié, je crois, d'ajouter quelle ressource elle avait su joindre encore à toutes les autres, en dernier lieu.

Elle allait tous les matins écrire sous la dictée d'un de nos oncles par alliance, Isidore Guyet, qui avait épousé une sœur de ma mère, le résumé des principaux articles des journaux de Paris : je ne sais plus le nom du haut personnage, peut-être un ministre, auquel ce résumé était envoyé. Cette occupation lui rapportait cinquante francs par mois. C'était beau, cette espèce de rente, j'en étais heureux pour elle. Quelquefois, lorsqu'elle était souffrante ou trop fatiguée, elle me priait de la remplacer.

Un jour, je la remplaçai tout à fait.

C'est que, ce jour-là, ma sœur n'avait plus besoin de si modestes gains.

Comme dans un roman dont la fin est heureuse et montre la vertu récompensée, ma sœur rencontra plusieurs fois, chez notre oncle Guyet, un cousin à lui, riche notaire de Paris, aimable homme, spirituel, qui fut touché du récit de cette courageuse existence, aussi de la grâce et du charme que ma sœur possédait encore. Elle n'avait que trente-deux ans. Un amour très-vif succéda à l'admiration, et, en 1832, Guyet-Desfontaines mit aux pieds de madame Chassériau sa brillante fortune.

Ce mariage causa de grandes jalousies parmi les amies intimes de ma sœur; mais tous ceux qui avaient su apprécier son caractère et qui l'aimaient vraiment s'en réjouirent en toute sincérité. Mon nouveau beau-frère avait ce qui ne se rencontre pas toujours avec sa profession : le sentiment des arts, de la littérature, de la musique surtout. Le milieu dans lequel il se trouva tout de suite lui convint tellement, que je vis diminuer chez lui l'amour des affaires et du notariat. Madame de Girardin, Alexandre Dumas, Delacroix, ancien camarade de mon beau-frère, tous mes amis, qui, en peu d'années, avaient acquis une notoriété très-grande, suivirent ma sœur, devenue madame Guyet-Desfontaines, dans sa nouvelle habitation. Mais que le cadre était changé!

Mon beau-frère avait vendu son étude, était devenu député de la Vendée, avait acheté un magnifique hôtel rue d'Anjou-Saint-Honoré, et c'est dans ses salons dorés qu'étaient reçus les anciens habitués du quai Conti. A ceux-là se joignirent des membres de la Chambre : Odilon Barrot, Luneau, l'amiral Lalande; les ministres Montalivet, Cunin-Gridaine, Lacave-Laplagne; enfin, Armand Bertin, dont la verve et l'esprit ne tarissaient pas un instant. Tous paraissaient heureux d'échapper pendant quelques heures à leur triste politique, pour entendre de la vraie et belle musique, exécutée par les plus fameux artistes, et se retremper au milieu d'une société d'hommes distingués, et même illustres.

Il y aurait peut-être un récit curieux à faire des soirées de la rue d'Anjou, qui devinrent fort à la mode, et dont les programmes, variés à l'infini par le génie inventif de ma sœur, étaient plus curieux et plus inattendus les uns que les autres. C'est à une de ces soirées, en effet, qu'Alexandre Dumas nous fit la lecture de *Mademoiselle de Belle-Isle,* en répétition alors au Théâtre-Français; à une autre, que madame Darcier, Mocker et Bussine chantèrent, avec l'orchestre du Conservatoire, le ravissant opéra de Reber : *la Nuit de Noël.* Puis, c'étaient des folies extravagantes : *l'Ours et le Pacha,* avec Odry dans son rôle de Marécot, Paul de Musset en pacha, etc., etc.; une très-spirituelle féerie d'Anicet Bourgeois, machinée par Séchan et jouée par madame Damoreau, par Delsarte et par mon ami Geffroy; une fête de village où Alexandre Dumas, en mât de cocagne, était harangué par Méry, déguisé en maire du pays..... Bien d'autres détails encore pourraient ne pas être sans intérêt, d'autant que j'ai conservé tous les matériaux de ces fêtes, programmes, affiches illustrées par Eugène Lamy, Camille Roqueplan, Clément Boulanger, Jadin, etc.

Si Dieu me prête vie, santé et courage, j'entreprendrai de retracer encore un côté de la société de ce temps-là que les survivants auront peut-être plaisir à voir reparaître pour un instant, dans des souvenirs sans prétention, dont l'exactitude est le seul mérite.

FIN.

TABLE DES MATIÈRES.

                                    Pages.

AVANT-PROPOS.   1

CHAPITRE PREMIER. — Vie de famille. — Ma sœur. — Les soirées de l'Arsenal et les soirées du quai Conti.   4

CHAPITRE II. — L'expédition de Morée. — Voyage de Paris à Toulon.   32

CHAPITRE III. — Mes compagnons et mes chefs. — Lettre de ma sœur. — Les savants à Toulon. . .   46

CHAPITRE IV. — Nouvelles de Paris. — Nous mettons à la voile. — Premier dîner à bord. — Passage du détroit de Messine. — Coup de vent. — Arrivée en Grèce.   60

CHAPITRE V. — En rade de Navarin. — La flotte française. — Installation en Grèce. — Lettre de ma sœur.   75

CHAPITRE VI. — Les capitaines d'état-major Pélissier et de Viterne. — Dîner chez le maréchal Maison. — Le colonel Fabvier, ses aides de camp Mollière et Desmaisons. — Arrivée du président Capo d'Istria à Modon.   92

CHAPITRE VII. — Départ de Modon. — Coron. — Visite à une famille grecque. — Lettre de Pélissier. — Petalidi. — Nisi. — Androussa. — Messène. — M. Charles Lenormant. — Couvent de moines près de l'Ithôme.   102

TABLE DES MATIÈRES.

Pages.

CHAPITRE VIII. — Départ de Messène. — Arcadia. — L'Alphée. — Pyrgos. — Visite au préfet. — Arrivée à Olympie. 123

CHAPITRE IX. — Installation à Olympie. — Emplacement du temple de Jupiter. — Commencement des fouilles. — Arrivée de M. Blouet. — Découvertes de sculptures. — De Gournay et moi, nous retournons à Modon. — Lettres de Pélissier. 130

CHAPITRE X. — Digression. — Lettres du maréchal Pélissier à ma sœur. — Retour du maréchal à Paris. — Ma visite au ministère. 151

CHAPITRE XI. — Course d'Olympie à Navarin. — Marais de Kaïpha. — Arrivée à Navarin. — Lettre de ma sœur. — Lettre de Pélissier. — Le temple de Phigalé. — Retour à Messène et Olympie. — L'art antique. 164

CHAPITRE XII. — Le temple de Jupiter Olympien. — Découverte du pavé de marbre noir. — Lettres de ma sœur. 183

CHAPITRE XIII. — Départ d'Olympie. — Rencontre d'une caravane. — La fièvre de Grèce. — Arrivée à Patras. 200

CHAPITRE XIV. — Maladie. — Départ de Patras. . . 208

CHAPITRE XV. — Rentrée en France. — Quarantaine à Marseille. — Lettres de ma sœur. — Guérison et retour. — Nouvelles de Grèce. 217

ÉPILOGUE. — La révolution de Juillet vue de ma fenêtre. — Retour de fortune. 237

PARIS. TYPOGRAPHIE E. PLON, NOURRIT ET Cⁱᵉ, RUE GARANCIÈRE, 8.

EN VENTE A LA MÊME LIBRAIRIE :

Lettres du Bosphore. *Bucarest — Constantinople — Athènes,* par le comte Ch. DE MOUY. Un vol. in-18, avec gravures. 4 fr.

Athènes, d'après le colonel Leake. Ouvrage mis au courant des découvertes les plus récentes, par M. Phocion ROQUE. 2e *édition.* Un vol. in-18, avec gravures et plan. Prix. . . . . 4 fr.

La Dalmatie, les Iles Ioniennes, Athènes et le mont Athos, par Stanislas DE NOLHAC. Un vol. in-18. Prix. . . . . 3 fr. 50

Une Course à Constantinople, par M. DE BLOWITZ. 3e *édition.* Un vol. petit in-8° anglais. Prix. . . . . 3 fr. 50

La Grèce et l'Orient en Provence, par Charles LENTHÉRIC. 2e *édition.* Un petit in-8° anglais, avec cartes et plans. . 5 fr.

L'Athos. Notes d'une excursion à la presqu'île et à la montagne des Moines, par M. l'abbé Alexandre-Stanislas NEYRAT. 2e *édition.* Un vol. in-18, avec 10 héliogravures et 2 *fac-simile.* 4 fr. 50

Syrie, Palestine, Mont Athos. Voyage aux pays du passé, par le vicomte Eugène-Melchior DE VOGUÉ. 2e *édition.* Un vol. in-18, illustré par J. Pelcoq, d'après des photographies. Prix. 4 fr.

Bosnie et Herzégovine. Souvenirs de voyage pendant l'insurrection, par Ch. YRIARTE. Un vol. in-18, enrichi de quinze gravures de Vierge, et d'une carte spéciale. Prix. . . . . 4 fr.

Étude sur les monuments primitifs de la peinture chrétienne en Italie, et mélanges archéologiques, par Louis LEFORT. Un vol. in-18. Prix. . . . . 3 fr. 50

Les Amateurs d'autrefois, par le comte Clément DE RIS. Un beau vol. grand in-8°, avec portraits à l'eau-forte. Prix.. . . 20 fr.

Les Maîtres d'autrefois : Belgique-Hollande, par Eugène FROMENTIN. 5e *édition.* Un vol. in-18. Prix. . . . . 4 fr.

Un homme d'autrefois. Souvenirs recueillis par son arrière-petit-fils le marquis COSTA DE BEAUREGARD. 4e *édition.* (Prix Montyon, en 1878.) Un vol. in-18. Prix. . . . . 4 fr.

PARIS. TYPOGRAPHIE E. PLON, NOURRIT ET Cie, RUE GARANCIÈRE, 8.

www.ingramcontent.com/pod-product-compliance
Lightning Source LLC
Chambersburg PA
CBHW050345170426
43200CB00009BA/1745